RUNE ÖND

ENERGÍA VITAL RÚNICA

DAVID WOLFHEART

RUNE ÖND

ENERGÍA VITAL RÚNICA

ARMONIZACIÓN ENERGÉTICA A TRAVÉS
DE LA MEDITACIÓN CON LAS RUNAS

EDICIONES OBELISCO

Si este libro le ha interesado y desea que le mantengamos informado de
nuestras publicaciones, escríbanos indicándonos qué temas son de su interés
(Astrología, Autoayuda, Ciencias Ocultas, Artes Marciales, Naturismo,
Espiritualidad, Tradición…) y gustosamente le complaceremos.

Puede consultar nuestro catálogo en www.edicionesobelisco.com

Colección Magia y ocultismo
Rune Önd. Energía vital rúnica
David Wolfheart

1.ª edición: abril de 2024

Maquetación: *Isabel Also*
Corrección: *M.ª Ángeles Olivera*
Diseño de cubierta: *Enrique Iborra*

© 2024, David Wolfheart
(Reservados todos los derechos)
© 2024, Ediciones Obelisco, S. L.
(Reservados los derechos para la presente edición)

Edita: Ediciones Obelisco, S. L.
Collita, 23-25. Pol. Ind. Molí de la Bastida
08191 Rubí - Barcelona - España
Tel. 93 309 85 25
E-mail: info@edicionesobelisco.com

ISBN: 978-84-1172-116-5
DL B 4.945-2024

Impreso en España en los talleres gráficos de Romanyà/Valls S. A.
Verdaguer, 1 - 08786 Capellades - Barcelona

Printed in Spain

Quiero dedicar este libro a mis hijos, Erik, Carmen y Eidan, así como a mi mujer, Marta, y al Templo de Freyja. Al Gran maestro Karl Hans Welz (D.E.P.), quien me hizo ver todo con una mirada más amplia, me apoyó en este trabajo y me dejó gran parte de su maravilloso legado. A la logia de magos Knights of Runes y a los grandes maestros Larry, Jurgens y Donald, así como a la logia de magos rúnicos Timeless Brotherhood of Runemasters.

GLOSARIO

Antes de empezar a leer este trabajo, he considerado necesario redactar un glosario de los conceptos más importantes que se utilizarán en él y ubicarlo en un lugar destacado para conocer las palabras clave y sus conceptos antes de empezar su lectura.

Fuþark: alfabéto rúnico (se pronuncia futhark).

Galdr: cantos, conjuros runicos o «mantras rúnicos» (se pronuncia Galdar).

Höndstaða: mudra rúnico.

Höndstöður: mudras rúnicos.

Hvel: centro energético o chakra (se pronuncia kvel).

Hvelir: centros energéticos o chakras (se pronuncia kvelir).

Hvelir Rune Energy: equilibrio de los centros energéticos con las runas.

Önd Breathwork: respiración consciente de energía vital.

Rune Önd: (energía vital rúnica) nombre del conjunto de todas las prácticas que se mencionan en este libro.

Runengymnastik: gimnasia rúnica.

Rune-Staða: postura rúnica.

Rune-Staða Energy Flow: StaðaGaldr en movimiento.

Rune-Stöður: posturas rúnicas.

SinnenGaldr: meditación rúnica con *Galdr* desarrollando nuestros sentidos.

StaðaGaldr: meditación postural rúnica con cantos *Galdr* (también llamada *Rune Yoga*).

PREFACIO

Bienvenidos a este nuevo libro, *Rune Önd. Energía vital rúnica. Armonización energética a través de la meditación con las runas*, con el que nos adentraremos en la meditación con la energía vital rúnica para el trabajo energético con las runas. Espero aportar su poder, tanto a las personas que trabajan desde hace tiempo con las runas como a las que las desconocen por completo, una nueva disciplina de trabajo y una nueva visión sobre ellas para poder dar respuestas espirituales y trabajar desde distintas áreas desde los diferentes trabajos rúnicos, que nos ayudan a equilibrar nuestros *Hvelir*, los centros energéticos (chakras), así como a potenciar nuestra recepción y emisión de energías rúnicas que residen en la Tierra, la atmósfera y el multiverso, y que nos aportan paz interior, así como a aumentar nuestra vibración y la expansión de nuestra consciencia.

Comenzaré presentándome para que tengas una pequeña referencia de mi persona. Me llamo David Wolfheart. Soy runólogo y autor de diversos libros de investigación y búsqueda para la transmutación personal. Asimismo, estudio varias facetas espirituales, como la mitología, la religión, las runas, la simbología y otras formas diferentes de conocimiento.

Soy fundador de la Academia Runología, donde imparto talleres, clases y cursos *online* y presenciales de runas (*Elder Fuþark*) y runas de la *Edda* o runas Armanen. Soy Grand Runemaster de la logia de magos The Timeless Brotherhood of Runemasters, Grand Runemaster en Knights of Runes y fundador de Guardianes del *Rúnatál*.

He escrito varios libros de investigación y búsqueda de conocimiento. En el año 2016 vio la luz otro de mis libros, en este caso sobre meditación postural rúnica y adivinación, *StadhaGaldr: meditación postural rúnica*. En 2018 aparecieron *Las Runas del Wyrd*, una edición de bolsillo sobre adivinación rúnica, y *Las Runas Armanen: Misterio y sabiduría gnóstica*. En 2019 publiqué *El libro de las runas. Sabiduría ancestral*, un tratado esotérico sobre magia y adivinación rúnica. En 2022 aparece el libro *Las Runas - Oráculo ancestral*.

Estoy especializado en la enseñanza del trabajo con las runas a nivel energético, con varias prácticas que constituyen la nueva disciplina que he denominado *Rune Önd* (energía vital rúnica). Ésta es una disciplina que agrupa diversos sistemas de trabajos rúnicos, con lo que aporta un equilibrio necesario en todas las áreas precisas para nuestra evolución personal con el fin de expandir nuestra consciencia y trabajar con las energías rúnicas.

El *Rune Önd* se convierte en un trabajo completo de runología holística que engloba un amplio abanico de métodos con los que trabajar con las runas a nivel energético. Los métodos de trabajo que forman parte del *Rune Önd* son los siguientes: *StaðaGaldr (Rune Yoga), Rune-Staða Energy Flow (StaðaGaldr* en movimiento), *SinnenGaldr* (meditación rúnica *Galdr*), *Höndstöður* (mudras rúnicos), meditación rúnica visual guiada, *Önd Breathwork* (respiración consciente), *Galdr* (cantos o mantras rúnicos), chamanismo rúnico, *Hvelir Rune Energy* (equilibrio y armonía de chakras), *Runengymnastik*, etcétera.

Espero que este libro te abra la mente con una nueva visión de las runas y su potencial y que comiences a interactuar con las distintas prácticas que abarca el *Rune Önd*.

INTRODUCCIÓN

En este libro nos adentraremos en la armonización energética a través de las runas, y expondré y analizaré sus conceptos a nivel energético, al mismo tiempo que pondré algunos ejemplos sobre sus prácticas. Algunas enseñanzas deben impartirse mediante la formación, debido a la complejidad del trabajo postural y energético, o a la respiración, donde es necesario ayudar, acompañar y realizar un seguimiento del alumno. Sin embargo, en este libro se parte de una base más que suficiente para poder empezar a trabajar energéticamente con las runas por tu cuenta.

Se abordarán los conceptos más importantes de las runas a nivel energético, así como su significado. El libro está enfocado para iniciarse en algunos conocimientos y técnicas básicas, y sobre cómo emplear algunos métodos de trabajo con las energías rúnicas. He decidido compartir mis propias experiencias y conclusiones con las runas en esta área. La finalidad de este libro es que sirva como punto de partida para realizar meditaciones y trabajos energéticos con las runas, así como llevar a cabo la práctica y la adivinación de las runas.

El libro que tienes en tus manos es novedoso, ya que en nuestro idioma casi no se han publicado trabajos que hablen de la meditación y de conectar con las energías y las fuerzas rúnicas, a excepción de un libro mío denominado *StadhaGaldr, meditación postural rúnica*. Sin embargo, debo decir que el ejemplar que estás leyendo es más completo y contiene una evolución del conocimiento y experiencia mucho mayor. La redacción de este libro está motivada por el vacío que existía en el ámbito de las runas y la meditación. Así, este ejemplar aporta novedades y frescura a la runología moderna; además, se incluyen trabajos energéticos con las runas que aportan muchos beneficios y soluciones.

La idea de crear el *Rune Önd* (energía vital rúnica) como un conjunto de prácticas para agrupar varias técnicas de trabajo energético, vibracional y de meditación con las runas bajo una misma disciplina se forjó a raíz de la dispersión que existía en técnicas como *StaðaGaldr*, meditación rúnica, chamanismo rúnico y otras, y era necesario no sólo agruparlas, sino también aportar nuevas ideas y conceptos que completaran el trabajo necesario para abarcar todo el potencial que implican las runas a nivel energético y vibracional.

Sabemos que nuestros ancestros practicaban *Galdr* (cantos rúnicos o mantras) con las runas como si se tratara de magia o conjuros y hechizos recitados, cantados o escritos. Eran rutinas prácticas que influían en el tejido de la creación. Se sabe que los *Galdr* ejercían su influjo en los mundos de creación, y podemos utilizarlos para convertirnos en arquitectos influyentes en el universo. Así, se tiene noticia de que los cantos *Galdr* poseen una vibración que nos permite conectar con la runa y lo que representa, lo que nos proporciona un gran poder para interactuar con las energías de los reinos de creación y las leyes herméticas del universo.

A principios del siglo xx, maestros de runas alemanes como F. B Marby, creador del *Runengymnastik* (gimnasia rúnica); S. A. Kummer, impulsor del *Rune Yoga*; y, más tarde, Karl Spiesberger, miembro de la orden Fraternitas Saturni, desarrollaron el *Rune Yoga*. A raíz de sus investigaciones, gracias a él, hallaron un método rúnico que podía actuar como un medio a través del cual se podía interactuar con las corrientes de poder rúnicas presentes en la Tierra y la atmósfera. Para ello se empleaban las posturas rúnicas con el cuerpo (*Stöður*; singular: *Staða*), los mudras rúnicos (*Höndstöður*) y los canticos *Galdr*. En la década de 1950, el *Rune Yoga* evolucionó gracias a Karl Spiesberger, aunque, más tarde, en la de 1980, lo potenció el gran maestro Karl Hans Welz al introducir la sanación rúnica y el trabajo de equilibrio de runas y chakras, sin lugar a dudas, una gran aportación. Fueron ideas pioneras que se han ido desarrollando y evolucionando hasta modelar las prácticas cada vez más habituales y completas que se pueden realizar con las runas. En la década de 1980, el reconocido académico, escritor y runólogo Stephen Flowers, también conocido como Edred Thorsson, reformó el sistema del *Rune Yoga* inicial, que partía de las 18 Runas Armanen, impulsando el *Rune Yoga* como *StaðaGaldr* con las 24 runas del *Fuþark* antiguo. Esta influencia ha sido un referente para la runología actual, que poco a poco va dando forma a las posturas y técnicas iniciales. Cabe destacar que Edred Thorsson, en uno de sus libros que se han reeditado recientemente, expone las prácticas de *Rune Yoga* de los runólogos Armanen de principios del siglo xx.

Otros muchos runólogos han escrito sobre las prácticas de *Rune Yoga* o *StaðaGaldr*. Por ejemplo, el ocultista sueco Thomas Karlsson, en su libro *Uthark, el lado oscuro de las Runas*, habla de las prácticas del *Rune Yoga*. Asimismo, escritores como Larry E. Camp han continuado escribiendo sobre prácticas de *Rune Yoga* con las *Runas Armanen*. Yo mismo escribí el libro *StadhaGaldr* – meditación postural rúnica, donde hablo del trabajo de meditación postural y energético con las 24 runas del *Fuþark*, lo mismo que en un apartado de *StaðaGaldr* sobre *Runas Armanen* con ese sistema. Actualmente, maestros del runa como Donald Van Handel o Aelfric Avery han redactado algunos libros que incluyen meditaciones o prácticas con las runas. Por otro lado, otros ocultistas de órdenes esotéricas o religiosas de otra índole también han escrito sobre las runas y meditación corporal, como, por ejemplo, el mexicano Samuel Aun Weor, de la Fraternidad Rosacruz Antigua, o Ricardo Céspedes, y han llegado a conclusiones y afirmaciones muy personales. En Italia, Norak Odal y Fiordo Bianco redactaron un libro sobre la energía rúnica, y son maestros de estas técnicas en la Academia Italiana de Runología. Asimismo, existen libros y cursos de estos métodos con distintas visiones y técnicas, como el *Curso Esotérico de Magia Rúnica* del maestro Huiracocha (Arnold Krumm Heller), que se ha recopilado en el libro *Las Enseñanzas de la Antigua Fraternidad Rosacruz*. También se han publicado muchos trabajos rúnicos con la energía, como *Runen Qi Gong*, de Norbert Paul, que abren nuevas vías a las runas en movimiento.

Todos estos autores y maestros de las runas han hallado el éxito en sus estudios rúnicos, sus practicas posturales y de meditación. Todos ellos son fuentes de inspiración y han impulsado las técnicas de las runas con energía, meditación e integración/proyección. Éste es un largo camino a través de distintas visiones, experiencias y trabajos que parten de la sabiduría ancestral de las runas, a la que se les va dando forma mediante varios componentes.

Desde que comencé mis estudios rúnicos, me sentí atraído por las técnicas de meditación rúnica, *StaðaGaldr* y todo lo relacionado con el mundo energético vinculado a las runas. Después de tener grandes maestros, encontrarme con grandes libros y técnicas, advertí que no existía una disciplina que agrupara todas esas enseñanzas y se les diera forma como a «un todo». También encontré algún vacío en el trabajo de las runas en movimiento, runas y *Hvelir* (chakras o centros energéticos) o meditaciones guiadas, aunque ya habían aparecido unas primeras propuestas y grandes aportaciones que apuntaban en ese sentido.

De ahí surgió la idea de crear el libro y la disciplina *Rune Önd* (energía vital rúnica) para que sea una materia de prácticas que agrupe meditaciones *Galdr*, meditaciones rúnicas guiadas para actuar en el inconsciente, *StaðaGaldr*, *Rune-Staða Energy Flow*, *Hvelir Rune Energy*, *Galdr*, *Önd Breathwork*, meditación rúnica visual guiada, etcétera. Todas ellas abarcan todo aquello que necesitamos para nuestra evolución espiritual, psíquica y mental, así como para interactuar con las energías de los reinos de creación que nos ayudan a armonizar nuestra energía y a tener influencias en la creación y en el destino como arquitectos de nuestra vida.

Después de agrupar todas estas técnicas bajo el paraguas de *Rune Önd*, he dado más forma a las menos desarrolladas, al mismo tiempo que he añadido explicaciones más extensas de lo que representa la runa a nivel energético y vibracional, y las he modelado según mis criterios para potenciar la idea de contar con una disciplina con distintas prácticas que sea completa a nivel mental, físico, espiritual, energético y mágico. Esto ha potenciado y desarrollado el trabajo rúnico en los centros energéticos, al que le dado el nombre de *Hvelir Rune Energy*, que nos sirve para potenciar y equilibrar los *Hvelir* (chakras o centros energéticos). He potenciado lo que he llamado el *Rune-Staða Energy Flow*, que se basa en posturas rúnicas en movimiento (*Staða*), que nos aportan la fluidez energética rúnica, que podemos integrar y con las que podemos fluir o incluso proyectar. Por otro lado, he denominado *Önd*

Breathwork al trabajo de respiración consciente con energía vital, aunque también podemos trabajar con las meditaciones rúnicas guiadas que nos sirven para integrar el arquetipo, el simbolismo y la energía de la runa de una forma sutil y eficaz, así como para actuar en el inconsciente.

Evidentemente, existen diferencias de criterios, posturas y prácticas dependiendo del maestro, y cada uno de ellos los desarrolla según su experiencia y los trabajos y prácticas que les dan resultado. Todos los maestros citados, así como muchos otros, han sido impulsores de todas estas prácticas que dan origen a esta idea de integrar todas las prácticas bajo una misma disciplina, el *Rune Önd*, que abarca todos los trabajos energéticos, físicos, psíquicos y mágicos necesarios para nuestra sanación, evolución, capacidad creadora y expansión de la consciencia. Después de agrupar algunas prácticas rúnicas que crearon y desarrollaron estos grandes maestros, he potenciado aquellas que, en mi opinión, tenían más posibilidades de mejorar o evolucionar y que poseían un amplio recorrido teórico o práctico. Les he dado la forma necesaria para poder disponer de una disciplina que cumpla con éxito con todos los objetivos espirituales y creadores mencionados. He comprobado que el hecho de interactuar con estas prácticas cuando las ejecutamos mejora nuestro potencial interno y completa mucho más estos trabajos que ya de por sí son exitosos de manera individual. Complementarlos aumenta nuestra capacidad psíquica, energética y mágica a todos los niveles, al mismo tiempo que nos aporta equilibrio interno, paz, armonía, elevación de nuestra vibración y grandes beneficios, que también podemos utilizar para la proyección creadora con las runas.

Rune Önd - Energía vital rúnica es un trabajo de armonización energética a través de la meditación con las runas, que abarca trabajos como el *StaðaGaldr*, desarrollándolos, e incorporando la *Rune-Staða Energy Flow* (*StaðaGaldr* en movimiento), la *Hvelir Rune Energy* (trabajo de runas con los chakras), el *Önd Breathwork*, meditaciones visuales guiadas, etcétera. Esto se completa en «un todo» con el que tener una consistencia que abarque todas las áreas: vibración, equilibrio, sanación, conexión, relajación y proyección mágica, entre otras.

Hace tiempo decidí estudiar a los autores pioneros en estas técnicas, que han ido evolucionando, para buscar alternativas y nuevas formas de trabajo. Ante todo, me inspiré en las técnicas de respiración, en la meditación y en los instrumentos y sonidos, entre otras cosas, para englobar todos los trabajos rúnicos en una misma disciplina, el *Rune Önd*.

Mientras estaba leyendo, estudiando y documentándome para escribir el libro, muy pronto me di cuenta de que en castellano existía mucha información sobre adivinación rúnica y las runas como oráculo, pero no encontré muchas referencias a la meditación rúnica y al *StaðaGaldr*, y casi ninguna a la *Runengymnastik* (gimnasia rúnica). Tampoco se generaban prácticas que fueran evoluciones y nuevas alternativas de trabajo, como el *Rune-Staða Energy Flow* (*StaðaGaldr* en movimiento), la *Önd Breathwork* (respiración consciente con energía vital) o una disciplina que trabajara por completo con centros energéticos *(Hvelir Rune Energy)* o meditaciones visuales guiadas, entre otros. Por estos motivos, creí oportuno dar un paso adelante para completar y agrupar todo esto y proporcionar una mayor consistencia a los trabajos de meditación, energía y vibración con las runas.

Con este libro, pretendo aproximar al lector a las energías y fuerzas rúnicas desde una perspectiva mucho más amplia, para así disponer de mucha más fluidez, más equilibrio y opciones en el trabajo con las runas. Éste es el punto de partida para acercarnos, meditar y realizar otros trabajos con las runas a diario para potenciar el cuerpo, la mente y el espíritu, conectar con las runas en nuestro día a día y desarrollar muchas facetas en nuestra vida. Por ello, es importante disponer del conocimiento básico de cómo se medita y se conecta con las energías rúnicas.

Espero que aquellos que estén interesados en las runas en estas áreas, sientan más curiosidad y ganas de poner en práctica distintos factores, y comiencen a tener una buena base para trabajar con ellas. Si es así, tendrán un punto de partida para orientarse, buscar más información y poder formarse para potenciar su conocimiento y crear su disciplina propia día tras día. Sólo el estudio y el trabajo personal les permitirá avanzar a través de sus experiencias al interactuar con las runas, comprobarán que tienen una fuerza propia y entenderán que sólo con el contacto y trabajo con ellas se obtiene una comprensión. Además, su esfuerzo y su voluntad les abrirán muchos caminos de la magia y la energía rúnicas.

Al comenzar a interactuar con la vibración, las corrientes y las energías rúnicas, comprobarán que es una forma de relacionarse con las energías y los poderes sagrados de los reinos de creación, y encontrarán una de las formas de pensamiento metafísico de gran poder.

Espero que después de leer este libro, se disponga de una nueva visión y perspectiva que genere ganas de practicar el *Rune Önd* en todas sus áreas rúnicas.

LAS RUNAS

Las runas

La palabra *runa* significa «secreto» o «misterio», lo que ya nos da una pista de que una runa es algo secreto, misterioso y sagrado. Los historiadores afirman que las runas eran un sistema de escritura antiguo, hecho evidente debido a los hallazgos en grabados en piedra y metal. Sin embargo, en un terreno en el que muchos no quieren entrar, es indudable que, mas allá de la escritura de los alfabetos conocidos como *Fuþark*, los símbolos rúnicos tuvieron significados mágicos para los hombres que los grababan.

Sabemos que las runas tienen un significado y un secreto mucho más complejo, amplio y mágico. Si analizamos cada símbolo rúnico, comprobamos que en cada uno reside una energía de la Tierra, la atmósfera y los misterios de los reinos de creación. Cada runa expone y nos descubre su poder y su significado energético y cósmico. Hemos comprobado que los estudios en ámbitos mágicos relacionados con las investigaciones rúnicas se han ido transformando y han evolucionado, revelando que cada símbolo rúnico es un ideograma que expresa y simboliza el proceso del flujo y las fuerzas energéticas.

La sabiduría rúnica y su conocimiento profundo han permanecido ocultos durante mucho tiempo. Aun así, han perdurado en algunas sagas y mitos. Ese conocimiento ha estado presente en los pueblos del norte de Europa, como se hace patente hasta épocas bastante recientes, en la práctica de conjuros de magia rúnica *Galdr* (cantos o «mantras» rúnicos). No cabe duda de que han formado parte de la antigua sabiduría de los pueblos escandinavos, y, por tanto, se han transmitido a través de generaciones durante siglos.

La información que poseemos acerca de las runas se la debemos a distintas fuentes literarias y arqueológicas, como las siguientes.

Germania de Tácito:

En el siglo I d. C., encontramos una fuente escrita reveladora gracias a Tácito, historiador, senador y gobernador del Imperio romano. Nació entre los años 55 y 57 d. C., y en sus escritos en su libro Germania, habla de las prácticas adivinatorias por medio de los símbolos de las runas. El libro se puede encontrar en muchísimas librerías y bibliotecas. En él, Tácito describe las costumbres de los pueblos germánicos de manera bastante objetiva, hecho que se ha comprobado recientemente en los restos arqueológicos, a través de los cuales los historiadores y arqueólogos han podido comprobar la veracidad de las palabras de Tácito. En este escrito encontramos información sobre la vida privada y cotidiana de los pueblos germánicos: aspectos militares, costumbres, etcétera. Y también acerca de las runas, en este caso, su poder adivinatorio para los antiguos pueblos germánicos.

En el año 97-98 d. C., en *Germania*, Tácito afirma:

> Ningún pueblo practica el arte de la adivinación y de los augurios de una forma más diligente. El procedimiento es simple: se corta una rama de un árbol que tenga frutos y se hace pedazos. Se practican ciertas marcas sobre los pedazos, para poder distinguirlos, y se arrojan a la buena de dios sobre un paño blanco. Sobre cuestiones públicas el sacerdote de cada estado es articular, como si se tratara de cuestiones privadas. El padre de familia invoca a los dioses y mirando al cielo recoge tres de los pedazos en los que lee los designios de acuerdo con las marcas previamente impresas en ellos.

Las *Eddas*:

En los textos mitológicos de las *Eddas*, las runas están vinculadas por completo al dios Odín. Explican que, para obtener el conocimiento y la sabiduría de las runas, Odín se colgó (en un sacrificio que se ofreció a sí mismo) en el fresno sagrado y árbol de la vida *Yggdrasil*. Este acto duró nueve días y nueve noches sin comer ni beber, atravesado por su lanza.

Odín es consciente de que, con este acto, este sacrifico le haría merecedor de la sabiduría más gnóstica y profunda. El sacrifico hace que Odín entre en un estado alterado de conciencia, que le permite obtener el gran conocimiento durante la novena noche con la sabiduría de las runas. Odín muere por un instante apagando las luces en los nueve mundos. El caos gobierna en esta noche oscura, hasta que Odín resucita y se encienden las luces de nuevo. El conocimiento de las runas es un legado que Odín deja a los hombres, a partir del cual podemos desarrollar múltiples trabajos de integración, conocimiento y magia.

En el «*Rúnatal*» («Canción rúnica de Odín»), una sección del *Hávamál* («Discurso del Altísimo»), se halla este poema de la *Edda* poética:

Sé que colgué, en un árbol azotado por el viento,
nueve largas noches enteras
herido por la lanza, entregado a Odín,
yo mismo ofrecido a mí mismo,
de aquel árbol del que nadie sabe
el origen de sus raíces.
No me dieron pan ni un cuerno de bebida,
miré hacia abajo,
tomé las runas las tomé entre gritos,
y entonces caí.

Otro verso del Hávamál en la *Edda* poética afirma:

Conoce las runas y aprende los signos, los caracteres de mucha fuerza, los caracteres de mucho poder, qué tiñó el Tulr supremo (Odín), y los altos poderes hicieron y el señor de los dioses (Odín) grabó.

Es posible encontrar otros muchos ejemplos literarios en varias de las sagas nórdicas. Por ejemplo, en la *Volsunga saga*, las runas se mencionan cuando la valquiria, Brynhild, le dice al guerrero Sigurd:

Las runas del mar son buenas cuando hay necesidad. Se aprendieron para salvar barcos y cuidar del caballo que nada. En la popa grábalas tú. Grábalas en la hoja del timón, y prende fuego al remo pulido. Cuanto más grandes sean las colinas del mar, cuanto más azul es el horizonte y el granizo del océano, entonces llegarás a casa.

La sabiduría rúnica gnóstica es de gran importancia para la sabiduría iniciática en el mundo germánico. En cada una de las runas reside el poder de su sabiduría y energía propia, y, por ello, son un canal que transporta la energía potencial de esa esencia, que podemos integrar, proyectar y también interactuar con ella.

Las runas también fueron un sistema de escritura, aunque existen muchas evidencias de que se usaron con fines mágicos, hecho que podemos comprobar en los restos arqueológicos, la *Edda* poética y las sagas. Ciertas piedras rúnicas grabadas son mencionadas como runas divinas o runas de poder. Asimismo, hallamos inscripciones con maldiciones para todo aquel que las destruya o profane el lugar donde están grabadas. En los poemas de la *Edda* poética podemos comprobar su poder mágico, por ejemplo, cuando se menciona que se graban en una espada (en este caso, son «runas victoriosas»), o cuando se inscriben dos veces a modo de hechizo. También podemos encontrar registros históricos que muestran que en la Edad del Hierro las runas se usaban con fines mágicos.

Las runas no son únicamente un sistema adivinatorio o de escritura, sino que tienen vida y energía propias. Son los misterios codificados de «todo lo que es», y constituyen expresiones de las energías de los reinos de creación. Por este motivo, las runas son un camino al poder espiritual.

Arqueología e historia

Las ciencias de la arqueología y la historia han encontrado muchos objetos o piedras rúnicas inscritas por nuestros ancestros. En Escandinavia hay miles de piedras rúnicas que se grabaron para glorificar a hombres muertos o explicar acontecimientos importantes. Estas piedras nos ofrecen una buena información histórica de la sociedad y la cultura nórdicas. En ellas se describen muchas cosas, como expediciones o incursiones vikingas de intercambio; además, se proporciona información sobre los dioses nórdicos o incluso sobre la expansión del cristianismo.

En el *Fuþark* hay tres períodos rúnicos, y cada uno de ellos tiene una versión distinta de alfabeto rúnico. El primer período abarca los primeros años del primer milenio, hasta 600-700, aproximadamente, y se conoce como la época migratoria. El segundo período, que recibe el nombre de era vikinga, va de 650 a 1050, aproximadamente. El tercer período, denominado Baja Edad Media, se sitúa más o menos entre los años 1050 y 1400.

Las runas ejercieron una influencia muy destacada en los antiguos pueblos (godos, germánicos, sajones y escandinavos), que practicaban la magia rúnica y empleaban los alfabetos rúnicos, llamados *Fuþark*. No cabe duda de que conocían el poder de las runas y que muchos tenían maestros rúnicos que recibían el nombre de *Vitki*, que transmitían los secretos rúnicos oralmente para que fueran memorizados. También sabían que la palabra hablada tiene grandes poderes creativos. Una frase pronunciada en voz alta era muy importante, ya que la palabra crea la realidad.

Verbalizar un pensamiento es tejer ese pensamiento y, en consecuencia, alterar la realidad, motivo por el cual es muy importante hacer bien los *Galdr* (cantos/conjuros mágicos), para que adquieran fuerza en la invocación/evocación rúnica.

Distintos *Fuþark* (alfabetos rúnicos)

Se emplearon tres alfabetos rúnicos para escribir en las lenguas germánicas:

- El *Fuþark* antiguo, usado aproximadamente de los siglos II a VIII, consta de 24 runas. Se trata del sistema más conocido o utilizado en la actualidad.

ᚠ ᚢ ᚦ ᚨ ᚱ ᚲ ᚷ ᚹ

ᚺ ᚾ ᛁ ᛃ ᛇ ᛈ ᛉ ᛊ

ᛏ ᛒ ᛖ ᛗ ᛚ ᛜ ᛞ ᛟ

- El *Fuþark* joven, o *Fuþark* escandinavo, que consta de 16 runas, se empleó a partir del siglo VIII.

ᚠ ᚢ ᚦ ᚫ ᚱ ᚴ ᚼ ᚾ

ᛁ ᛆ ᛋ ᛏ ᛒ ᛘ ᛚ ᛦ

- El *Fuþorc* anglosajón es un derivado del *Fuþark* antiguo. Consta de 26 a 33 runas y se usó, aproximadamente, de los siglos V a XI.

ᚠᚢᚦᚨᚱᚲᚷᚹ

ᚺᛁᛇᛊᚲᛉᛋᛏᛒ

ᛖᛗᛚᛜᛟᛞᚨᚨ

ᛉᛏᛉᛚᛜᛉᛊᛜ

- El *Fuþorc* Armanen de 18 runas de la *Edda* es un sistema de runas esotérico que se descubrió a principios del siglo XX. En los 18 conjuros rúnicos del poema *Rúnatal* de las *Eddas*, se descubrieron las 18 runas cifradas. Las primeras 16, como se puede observar, tienen su origen en el *Fuþark* joven, que consta de 16 runas, más dos que se descifraron, dos runas herméticas que habían sido encriptadas y que fueron reveladas en el canto *Éddico Rúnatal*, «la auténtica sabiduría rúnica de Odín».

ᚠᚢᚦᚨᚱᚲ

ᚺᚾᛁᛁᛋᛏ

ᛒᛚᛘᛉᛉᛉ

El resurgir de las runas

En épocas más recientes, algunos runólogos de relevancia impulsaron el resurgir de las runas. Entre ellos se encuentra Johaness Bureus, de quien el ocultista Thomas Karlsson hizo una tesis doctoral con la que obtuvo un doctorado en la Universidad de Estocolmo, y es una de las tesis doctorales más leídas en Suecia. En el siglo XVII, Johannes Bureus fue maestro del rey Gustavo II Adolf.

A principios del siglo XX se produjo un gran resurgir de las runas. El precursor más importante fue Guido Von List, un conocido ocultista alemán que escribió el libro *El secreto de las Runas*, un estudio rúnico con un sistema basado en los conjuros rúnicos del poema *Rúnatal* de la *Edda* poética al que llamó *Runas Armanen*, también denominadas «runas de la *Edda*». Este sistema fue el más utilizado en los círculos rúnicos y mágicos alemanes hasta la década de 1950, y contiene 18 runas basadas en los 18 conjuros del poema *Runatal*. Este sistema dio lugar a muchas corrientes esotéricas nuevas, como el *Rune Yoga*, *Höndstöður* (mudras rúnicos) y otros trabajos mágicos.

Algunos runólogos destacados escribieron sobre este sistema, como Gorsleben o Kummer. Más tarde, en la década de 1950, Karl Spiesberger lo utilizó y desarrolló, y recibió el nombre de *Runen Yoga*. Este último runólogo (iniciado de la orden mágica Fraternitas Saturni), después de la Segunda Guerra Mundial, reformó el sistema Armanen eliminando las creencias racistas o politizadas, e hizo un gran trabajo haciendo que evolucionara el *Rune Yoga*, las runas y las energías, al mismo tiempo que incluyó elementos herméticos. Este desarrollo en el ámbito de las runas y las energías o vibraciones y el *Rune Yoga* fue actualizado por el gran maestro rúnico K. H. Welz, fundador de la orden KOR en la década de 1980, la cual, en la de 1990 y en la actualidad, ha sido liderada por el runólogo y escritor Larry Camp.

En la década de 1980, cabe destacar la gran tarea llevada a cabo por el runólogo y mago Edred Thorsson, que fundó el instituto de estudios rúnicos y la sociedad Runa, donde se dedicaba a la enseñanza de las runas, con un programa de desarrollo mágico y de iniciación a estas, así como a la religión Asatrú.

En el año 1984, Edred Thorsson publicó El gran libro de las runas y su magia, un libro que aportaba nuevas formas de runología, donde se incluye la práctica de *StaðaGaldr* (*Rune Yoga*), con las 24 posturas rúnicas de las runas del *Fuþark* germánico, que, sin duda, ha sido el trabajo rúnico más influyente de nuestro tiempo.

En 1993, apareció *El libro de las Runas*, del runólogo Ralph Blum. También se pueden encontrar publicados en castellano otros libros de este autor. En ellos realizó una nueva interpretación muy personal de las runas con muchas modificaciones, una de las más conocidas añadir e inventar una runa más, que se incorporó a las 24 runas del *Fuþark* y que denominó runa blanca o runa del *Wyrd* («destino»). Otra modificación consistió en cambiar el orden de las runas. A pesar de que algunos runólogos ponen en práctica la runa blanca y algunos conceptos de Blum, a la mayoría no les convencen estos inventos.

En los últimos años han aparecido numerosos libros de runas, aunque pocos hablan de los trabajos energéticos a través de éstas o de prácticas como el *StaðaGaldr*, un trabajo con las runas en el que podemos interactuar con las energías y las fuerzas rúnicas y ver que aportan un importante desarrollo de crecimiento y conocimiento interior.

Ahora, que ya han transcurrido unos años desde la publicación del libro Meditación postural rúnica: *StadhaGaldr*, he querido completar mi trabajo, enfocado en la meditación e interacción con las energías de las runas, con este libro acerca de la disciplina del *Rune Önd*, que engloba varias materias con las que trabajar con las runas, que he ido aprendiendo y desarrollando en mi trabajo cotidiano con las ellas a lo largo de los años.

RUNE ÖND
ENERGÍA VITAL RÚNICA

Rune Önd. Energía vital rúnica

El *Rune Önd* abarca distintos métodos de trabajo con las runas y desarrolla un trabajo holístico para interactuar con las energías rúnicas. Entre las diversas prácticas, encontramos fórmulas de meditación *Galdr*, meditación visual guiada, respiración consciente con la energía vital, meditación postural y trabajos energéticos posturales estáticos y en movimiento. Además, trabajamos las runas con los nueve *Hvelir* (chakras principales), equilibrando, sanando y potenciándolos con técnicas *Galdr*, posturales y con instrumentos musicales o de sonido.

Es un desarrollo completo. Gracias a él, profundizamos en las runas, que poseen las claves de los secretos de la naturaleza y de los reinos de la creación. Los símbolos rúnicos son la expresión visual de las leyes cósmicas y de los misterios ocultos. El *Rune Önd* y todas las prácticas que abarca constituyen un proceso iniciático, así como un sistema energético y de magia activo, los cuales nos permiten interactuar con las energías y las vibraciones que residen en cada una de las runas, y, en consecuencia, con los poderes sagrados a nivel corporal y mental. Este trabajo se convierte en un método de integración energética, vibracional y psicológica que nos ayuda a nuestra transmutación personal, a poder comprender y trabajar conectando y aprovechando las corrientes y energías de poder en la Tierra y la atmósfera a través de las runas. Asimismo, sus prácticas nos permiten poder tener la conexión necesaria con nuestro yo interior, potenciando nuestra divinidad interna, la magia que reside en cada uno de nosotros y, en consecuencia, expandiendo y evolucionando nuestra consciencia.

En nuestra persona descubrimos que las runas tienen su propia fuerza, vibración y energía, que podemos poner en actividad si interactuamos, trabajamos y meditamos con ellas. Si trabajamos las diversas prácticas que residen en la disciplina *Rune Önd*, las runas nos mostrarán movimientos y transformaciones internos en nosotros mismos. Esto hará que nos manifestemos a través de nuestra propia esencia, lo que permitirá que mantengamos un equilibrio a nivel físico, espiritual y emocional.

Hay diversas zonas cósmicas en las que residen energías, y cada una de las runas forma parte de ese lenguaje energético y cósmico. Por este motivo, a través de ellas, podemos sanarnos, potenciarnos y proyectar nuestra voluntad creadora y mágica, al mismo tiempo que desarrollarnos espiritualmente.

El *Rune Önd* nos permite adentrarnos en el conocimiento y los misterios de los reinos de la creación y en el de su magia creadora, dando un paso mágico al conectar e interactuar con esas energías que residen en las runas.

El *Rune Önd* es una disciplina que abarca distintas áreas de trabajo con las runas para poder interactuar con las energías que residen en la Tierra y el universo, así como en los reinos de la creación. Nos ayuda a generar una sinergia a través de la energía que reside en cada runa, que genera una armonía alineada con las leyes cósmicas para elevar nuestra consciencia.

Las prácticas de *Rune Önd* se unifican en una disciplina que integra el antiguo conocimiento ancestral de las runas, junto con la evolución natural y orgánica que requiere nuestra era del cambio. Todo ello nos lleva a ver el *Rune Önd* como una materia que engloba una serie de prácticas de runología moderna y holística, que hace que resulte completa y adaptada a nuestros tiempos y los cambios que éstos requieren. Encontramos respuestas espirituales y distintos trabajos y técnicas inspirados en los conocimientos de los antiguos sabios nórdicos, pero desarrollando nuevas formas y la evolución contemporánea necesaria, adquirida a través de nuevos conocimientos. Todo ello, en su conjunto, abarca todas áreas precisas que completan un trabajo de runología holística que potencia nuestro equilibrio energético, nuestro yo interior, nuestra conexión con los poderes sagrados y los reinos de la creación. Y todo ello fortalece nuestra mente, nuestro cuerpo y nuestro espíritu, al mismo tiempo que eleva nuestra consciencia a través del conocimiento profundo de las runas y los poderes sagrados que representan.

El *Rune Önd* se convierte en el resultado del conocimiento ancestral de las runas y de lo que sabemos de sus antiguas prácticas y técnicas, a los que se les debe sumar los nuevos conocimientos y las nuevas prácticas rúnicas, que, aun estando inspirados en la sabiduría ancestral, aportan nuevas formas de expresión. Esta fusión de conocimientos desemboca en la evolución natural, necesaria y actual, para que la runología no se estanque y se pueda expandir en distintas áreas de trabajo rúnico moderno.

El *Rune Önd* y todas sus áreas nos aportan el hecho de poder interactuar con las energías de sanación física, psíquica y emocional, y también con energías de transformación interna, de creación y de elevación de consciencia. Esto, sin duda, generará en nosotros un gran número de beneficios a todos los niveles.

El *Önd*

El Önd es el don que Odín otorga a los humanos; es el «aliento vital» o la «chispa divina». El Önd es la energía vital que está omnipresente en toda vida, y por ello reviste una gran importancia, ya que podemos entenderlo como el fundamento de la vida, del mismo modo que de todos los trabajos que hacemos con las runas y las prácticas de *Rune Önd*.

Para poder comprenderlo mejor, podríamos equipararlo al prāna indio, el puente que nos conduce a los niveles superiores de nuestro ser. Esto se debe a que se trata de la energía primordial del universo que se encuentra en constante movimiento. Esta energía se manifiesta en nosotros en distintos niveles dependiendo del tipo de vibración.

Las runas, como hemos visto, contienen los secretos y los misterios trascendentes y mágicos de los pueblos germánicos, así como todo el conocimiento sobre los poderes sagrados y las leyes cósmicas y su desarrollo en el mundo físico. Por este motivo, engloban infinidad de facetas espirituales y sagradas.

Al interactuar con las runas a nivel energético, vemos que actúan como la semilla espiritual que hace expandir y desarrollar nuestro potencial divino hacia fuera. Al hacerlo, elevan nuestro estado vibracional interno, equilibran nuestra energía y actúan como sanadoras en distintas áreas. Podemos sentir cómo generamos una evolución interior en nosotros mismos a través de cambios notables, que nos hacen percibir los mundos internos y externos de manera distinta y profunda. Los beneficios que obtenemos al trabajar energética y vibracionalmente con las runas son infinitos.

El *Rune Önd* engloba diversas prácticas en todas las áreas necesarias para nuestra sanación interna, nuestra elevación de consciencia y, en consecuencia, nuestra evolución espiritual. A través de las prácticas con las energías de las runas, sintonizamos, armonizamos y sanamos nuestro interior, y es entonces cuando podemos descubrir y se nos revela el poder de las runas en toda su dimensión.

Trabajar con la energía y la vibración que residen en las runas nos ayuda a canalizar la energía y a controlar nuestras emociones y pensamientos. Así, una vez que lo logramos, podemos proyectar esa energía con nuestra voluntad y focalización. También, a través de los *Galdr* (cantos o «mantras» rúnicos), elevamos nuestra vibración, haciendo lo propio con el estado de consciencia. Esto nos potenciará internamente para poder mejorar nuestro poder de canalización, aumentar nuestra aura y expandir nuestra consciencia, además de aportar otros muchos beneficios.

El *Rune Önd* es un conjunto de prácticas que abarca todos los trabajos con runas a nivel físico, energético y mágico, lo que lo convierte en una tarea personal e interior muy completa. Aportará grandes beneficios para nuestro cuerpo, mente y espíritu con distintas técnicas y trabajos de runología holística:

Conexión

A través de las runas, liberamos el poder de nuestro espíritu y conectamos con los poderes sagrados y los reinos de creación. Asimismo, potenciamos nuestra capacidad mental y física, y equilibramos nuestro estado emocional.

Galdr: Vibración

Los *Galdr* (mantras rúnicos) son el sonido en vibración que emitimos. Por ello, nos liberan de nuestro diálogo interno involuntario y nos conducen a estados más elevados de conciencia.

Önd Breathwork: Respiración consciente

Los ejercicios de respiración con la energía vital (*Önd*) generan calma, bienestar y relajación, motivo por el cual son necesarios en nuestras prácticas. Gracias a ellos, aumentamos nuestro rendimiento intelectual, equilibramos nuestro sistema nervioso y expandimos la energía de nuestro cuerpo, además de crear un estado de calma y plenitud.

StaðaGaldr: Equilibrio interno

El *StaðaGaldr (yoga rúnico)* contribuye a nuestra estabilidad emocional y mental, al mismo tiempo que a poder recibir y proyectar energías rúnicas que nos aportan grandes beneficios.

Hvelir Rune Energy: Equilibrio y sanación

Podemos trabajar los *Hvelir* (chakras o centros energéticos) a nivel emocional y vibracional. Con ello, potenciamos nuestro campo energético, regulamos los centros energéticos a través de los cánticos *Galdr* y, para armonizarlos, podemos recurrir a la ayuda de los sonidos de los cuencos de cuarzo y los tambores.

Rune-Staða Energy Flow: Rune-Staða en movimiento

El *Rune-Staða Energy Flow* es una técnica que lleva al *StaðaGaldro Rune Yoga* a nuevos horizontes. Aprendemos a tomar el control y dominio de las energías rúnicas a través del movimiento de nuestro cuerpo, de forma lenta y haciendo una meditación correcta. Por medio de las posturas rúnicas *(Rune-Staða)* en movimiento, generamos movimientos físicos suaves y sutiles que darán lugar a un estado de conciencia relajada, que hará circular la energía rúnica a nuestro alrededor de forma orgánica.

Sinnengaldr: Meditación Rúnica *Galdr*

Se trata de meditaciones con cánticos *Galdr* (cánticos rúnicos), tambor y/o mudras rúnicos. Gracias a ellas, autorregulamos la mente y entramos en nuevos estados de consciencia.

Relajación: Meditación Rúnica visual guiada

Con ella, abrimos nuevas puertas en nuestro interior a nuestra conciencia a través de la meditación rúnica guiada, trabajando la psique y el inconsciente de un modo sutil y profundo.

RUNE ÖND
PRÁCTICAS Y TRABAJO

ARMONIZACIÓN ENERGÉTICA
A TRAVÉS DE LAS RUNAS

Rune Önd. Armonización de cuerpo, mente y alma

La práctica del *Rune Önd* con todas sus variantes nos habilita para interactuar con las energías de los reinos de creación a través de los *Galdr* (cantos rúnicos mágicos de vibración), las posturas rúnicas *Rune-Stöður* (plural) o *Rune-Staða* (singular), la *Rune-Staða Energy Flow*, las posturas rúnicas en movimiento generando energías, el *SinnenGaldr* (meditación con cantos *Galdr*), la *Önd Breathwork* (respiración consciente con la energía vital), el *Hvelir Rune Energy* (equilibrio de los centros energéticos) y la meditación rúnica visual guiada (para trabajar el inconsciente). Este conjunto de técnicas nos posibilita el acceso a las energías del universo y de los reinos de creación, lo cual nos permite potenciar nuestro cuerpo, mente y espíritu, al mismo tiempo que convertirnos en arquitectos de nuestra vida proyectando energías rúnicas.

El *Rune Önd* es una disciplina completa que tiene el objetivo de conseguir un equilibrio en el cuerpo físico, emocional, espiritual y mental que es primordial para tener una base de salud y bienestar perfecta. El *Rune Önd* nos sirve como una entrada a los *Hvelir* (chakras) y a su equilibro y sanación, al mismo tiempo que nos abre la puerta a las experiencias místicas profundas, donde aprendemos el poder y la práctica para proyectar la energía Luz, así como energías de sanación.

A través de esta disciplina, conectamos con las energías rúnicas del multiverso que residen en los reinos de creación, donde podemos recibir y enviar patrones de energía, desarrollando energías de creación y el poder de las runas en toda su dimensión.

Una disciplina y filosofía de vida

El *Rune Önd* es un trabajo de disciplina física y mental, energético, espiritual y mágico, lo que lo convierte en un proceso iniciático y de transmutación personal y espiritual a todos los niveles.

Debemos entender que nuestro cuerpo es nuestro templo, y que para evolucionar y elevar nuestro espíritu, debemos enfocar nuestra vida de acuerdo con aquello que pensamos y somos. La sociedad moderna ha creado un estilo de vida sedentario y de pasividad espiritual. Por ello, hemos de tener una vida equilibrada y espiritual en todas sus facetas. La disciplina diaria del *Rune Önd* es un método de trabajo que nos activa en todos los niveles: físico, mental, interno, energético y espiritual.

Por todo ello, el *Rune Önd* es una filosofía de vida que debemos extender a una vida sana, con una buena alimentación, la práctica de deporte y meditación, una buena lectura y trabajos mágicos de desarrollo interno y espiritual. Es un sistema de magia activo que nos permite tener acceso a las energías de la creación que residen en las runas. Lo entendemos como una forma de vida y como un «todo», no como algo sesgado, ya que es nuestra conexión con lo que somos a través de la comprensión gnóstica, y la extendemos a nuestro modo de vida cotidiano, que genera una estabilidad física, emocional, espiritual y creadora.

Cuando practicamos *Rune Önd*, conectamos y aprovechamos las corrientes y energías rúnicas de creación que residen en la Tierra y la atmósfera, donde nuestro cuerpo actúa como una antena receptora y emisora de esas corrientes de los reinos de creación que residen en las runas. Al practicar esta disciplina de manera cotidiana, encarnamos en nuestro cuerpo cada runa y su energía, ya sea ésta sanadora, evolutiva o creadora, lo que nos lleva tener una vivencia única mas allá del plano mental, donde experimentamos con cada una de las runas y las energías que ello conlleva, logrando vincular su significado, representación, arquetipo y energía con la experiencia física.

También abrimos nuevas puertas a nuestra conciencia a través de las prácticas en las distintas áreas. La práctica cotidiana de esta disciplina es vital y constituye una herramienta de transmutación personal que aporta una gran integración psicológica, debido al profundo conocimiento gnóstico de las runas.

Beneficios del *Rune Önd*

El *Rune Önd* nos permite interactuar con los poderes sagrados y las energías rúnicas que residen en los reinos de la creación. Potencia nuestro poder creador y nos ayuda a elevar nuestra energía y a equilibrar nuestros centros energéticos. La disciplina continua nos posibilita elevar nuestro estado de consciencia, al mismo tiempo que potencia nuestra estabilidad emocional y mental. También tiene grandes beneficios sanadores y energéticos. Cabe decir que no sustituye pautas médicas o recuperaciones, que sólo debe prescribir un médico, pero sí que servirá de apoyo y producirá beneficios.

La práctica de relajación y control de nuestro cuerpo a través de la postura y el anclaje de la runa *(Rune-Sstaða)*
Relajamos el cuerpo y lo controlamos a través de las *Rune-Stöður* (posturas rúnicas). Este anclaje con la *Rune-Staða* (la postura rúnica), nos potencia entrar en un estado de atención interior consciente, donde generamos un proceso de quietud física y mental, abstrayéndonos de cualquier estímulo externo.

El control del pensamiento y la canalización a través del sonido vibracional, del canto rúnico mágico *(Galdr)*
La práctica regular del *Galdr* nos ayuda a canalizar la energía y a controlar nuestras emociones y pensamientos. Por medio de los *Galdr* (cantos o «mantras» rúnicos), elevamos nuestra vibración, haciendo lo propio con el estado de consciencia, hecho que nos ayuda a poder mejorar nuestro poder de canalización.

La concentración y meditación a través del control de la respiración y de las emociones

La forma en que respiramos tiene una influencia directa en la actividad cerebral debido a las conexiones con partes de la corteza cerebral, donde gestamos los pensamientos, la percepción o la imaginación. También podemos potenciar el control emocional a través de la respiración consciente.

La conciencia de las fuerzas y formas de energía que constituyen el universo a través de los nueve mundos de *Yggdrasil* (el árbol cósmico)

Por medio del *Rune Önd*, podemos integrar en nuestra persona las fuerzas y formas de energías rúnicas de los reinos de creación, así como elevar nuestra comprensión de la complejidad de formas y energías del multiverso, con las que podemos interactuar y trabajar con las energías rúnicas de manera eficaz.

La afirmación a través de la voluntad y de la visualización rúnica

La visualización rúnica es una manifestación anticipada de nuestra voluntad. Con ella ponemos nuestro foco en aquello que deseamos manifestar y, al hacerlo, producimos energía en los reinos rúnicos de creación para potenciar y generar nuestra voluntad de acción para lograr nuestros propósitos.

Rune-Staða Energy Flow: StaðaGaldr en movimiento

El control y el dominio de las energías rúnicas a través del movimiento lento es una práctica corporal en la que, a través de las posturas rúnicas (*Rune-Stöður*) en movimiento, formamos suaves movimientos físicos, acompañados de un estado enfocado de conciencia relajada y una meditación correcta, que hacen circular las energías rúnicas de manera adecuada.

SinnenGaldr: meditación rúnica *Galdr*

Se trata de una meditación con *Galdr* (cánticos rúnicos) y tambor. Autorregula la mente y entra en nuevos estados de consciencia. El hecho de cantar el *Galdr* de la runa durante la meditación conlleva un efecto muy beneficioso en nuestro cuerpo y mente gracias a la vibración que produce el cántico. A través de los conjuros mágicos del *Galdr* también podemos generar energías de creación.

Relajación: meditación rúnica visual guiada

Con la ayuda de la meditación rúnica guiada, abrimos nuevas puertas a nuestro inconsciente, hecho que nos permite integrar las runas con más facilidad debido a que se generan visualizaciones del arquetipo y simbolismo de la runa, lo cual hace que resulte más fácil integrar y materializar nuestros trabajos rúnicos, del mismo modo que nuestro inconsciente y la psique.

Control de la respiración: relajación y energía vital

Las prácticas de *Önd Breathwork* nos ayudan a regular nuestra respiración para nuestro beneficio interior, para conseguir relajación, calma, bienestar, rendimiento intelectual, equilibrio del sistema nervioso y expansión de la energía de nuestro cuerpo.

Distintas técnicas

Como se ha visto, existen diversas maneras de obtener buenos beneficios con el *Rune Önd*, ya que es posible utilizar muchos tipos diferentes de formas y prácticas. Estas últimas constituyen una única combinación de posturas corporales estáticas o en movimiento, técnicas respiratorias controladas (trabajando las formas rítmicas), formas de sonido vibracional, enfoque y visualización en símbolos rúnicos o grupos de símbolos rúnicos.

Todas estas prácticas se realizarán mediante la experiencia y, con ella, nos adentraremos en las complejidades de la disciplina del *Rune Önd* más allá del pensamiento lógico; además, esto irá en aumento a medida que vayamos incrementando la práctica de manera asidua.

El *Rune Önd*, como se ha visto, es una disciplina que abarca las distintas áreas de trabajo con las runas para poder interactuar con las energías que representan. Por todo ello, generamos una sinergia a través de la energía que reside en cada runa, que da lugar a una armonía interior que puede ayudar a sanar y a equilibrar tanto los *Hvelir* (chakras) como a nosotros a nivel físico, psíquico y espiritual, y también a integrar y proyectar energías, así como nuestra voluntad creadora a través de esas energías.

Nos encontramos con una serie de prácticas de runología holística que aportarán respuestas espirituales y forma a distintos trabajos y técnicas que potenciarán nuestro equilibrio energético, nuestro yo interior, nuestra conexión con los reinos de la creación. Por medio del trabajo energético con las runas, fortaleceremos nuestra mente, cuerpo y espíritu, y también elevaremos nuestra consciencia.

Abarcamos una infinidad de facetas espirituales y sagradas. Al interactuar con ellas a nivel energético, actúan como la semilla espiritual que hace expandir nuestro potencial divino hacia fuera, elevar nuestro estado vibracional interno, equilibrar nuestra energía y actuar como sanadoras en distintas áreas, algo que genera una evolución interior en nosotros mismos, lo que produce cambios internos que nos hacen percibir los mundos internos y externos de manera distinta. Las aportaciones que obtenemos al trabajar energética y vibracionalmente con las runas son infinitas.

El *Rune Önd* abarca prácticas en todas las áreas necesarias para nuestra sanación interna, nuestra evolución espiritual y nuestra elevación de consciencia.

Por medio de las energías de las runas podemos sintonizar, armonizar y sanar nuestro interior, así como descubrir el poder de las runas en toda su dimensión.

Las prácticas que emplean la energía y la vibración de las runas nos ayudan a canalizar la energía y a controlar nuestras emociones y pensamientos, al mismo tiempo que a proyectar esa energía con nuestra voluntad.

A través de los *Galdr* (cantos o «mantras» rúnicos), elevamos nuestra vibración, haciendo lo propio con el estado de consciencia, lo que nos ayuda a poder mejorar nuestro poder de canalización, aumentar nuestra aura y expandir nuestra consciencia.

El *Rune Önd* es una disciplina que engloba todos los trabajos con runas a nivel físico, energético y mágico. El *Rune Önd* conlleva un gran beneficio para nuestro cuerpo, mente y espíritu, gracias a las distintas técnicas y trabajos que veremos a continuación.

TÉCNICAS DE *RUNE ÖND*

Galdr: La entonación y vibración Rúnica

Los *Galdr* (mantras rúnicos) son los cantos mágicos con los que generamos el sonido específico y la vibración de cada una de las runas, a través de los cuales es posible alcanzar estados de conciencia más elevados.

Los cánticos *Galdr* emiten y sintonizan las frecuencias de los reinos de creación que representa cada runa. Por ello, al emitirlos, sintonizamos con las frecuencias de sanación, abundancia, creación y consciencia. Las frecuencias y vibraciones principales de los reinos de creación residen en el sonido específico de cada runa, y éstas son las que activan la conexión con estas frecuencias y vibraciones.

Al entonar los cánticos *Galdr*, podemos sentir nuestra caja torácica como una caja de resonancia que emite las hondas y vibraciones. Al hacerlo, emitimos y generamos ondas, que producen vibraciones en nuestro cuerpo. En consecuencia, las vibraciones que emitimos con los sonidos *Galdr* hacen que obtengamos grandes beneficios en nuestras prácticas.

La ejecución de los cánticos *Galdr* es extensa, y existen distintas tonalidades, motivo por el cual cada maestro rúnico aprende a modular cada cántico *Galdr* y la tonalidad que necesita a medida que va adquiriendo experiencia. Para la práctica de los *Galdr* debemos tener una respiración consciente y correcta. Tenemos que inspirar lo más lentamente que podamos y llenar de aire el abdomen, el tórax y los pulmones, por este orden. A continuación, contendremos la respiración uno o dos segundos, e iremos soltando el aire poco a poco, acompañado del canto o cantos rúnicos *Galdr*. Al realizar esta práctica, entonaremos el sonido de la runa, sintiendo su vibración en el pecho. Lo haremos alargando el canto *Galdr* todo lo que podamos, lo que generará vibración en nuestra caja torácica y nos aportará grandes beneficios en la mente, el cuerpo y el espíritu, al mismo tiempo que nos producirá una gran sensación interna.

Las vibraciones que producimos con los *Galdr*, junto con su pronunciación y su práctica rítmica y repetitiva, nos generan beneficios físicos, ya que con ello ralentizamos nuestro sistema nervioso y, de esta manera, calmamos nuestra mente, lo cual repercute en nuestro sistema cardiovascular de una manera positiva y sutil. El sonido que emitimos a través de los *Galdr* genera una energía integrada por vibraciones, también llamadas longitudes de onda (la distancia física entre dos puntos a partir de los cuales se repite la onda), que tienen un poder curativo. Por este motivo, los cánticos *Galdr* son sonidos rúnicos vibracionales específicos que actúan en nuestra persona como calmantes, sanadores y también como creadores de nuestra realidad.

Entre los grandes beneficios de las prácticas *Galdr*, a través de las vibraciones que emitimos con los *Galdr*, podemos penetrar en los niveles sutiles de la conciencia. Si lo hacemos con las runas adecuadas y bien escogidas, eliminaremos nuestros viejos patrones mentales que ya no nos resultan válidos. También nos ayudarán a liberar aquello que nos bloquea y a «reprogramar nuestro cerebro» al llevar a cabo una acción sanadora mental en nuestra persona. En consecuencia, al cantar los *Galdr*, debemos estar centrados y en armonía, y, sobre todo, no podemos tener nuestra mente en otro lugar, ya que sus sonidos y vibraciones resuenan en nuestra mente y en nuestro cuerpo, y, por ello, nos ayudan a alejar y sanar los pensamientos negativos de los que tenemos que desprendernos.

Hemos de ser conscientes de que cada una de las runas contiene una energía propia y específica con la que podemos interactuar. En las runas residen las energías de los reinos de creación y de los poderes sagrados que se manifiestan en la Tierra, el universo y el multiverso. A través de los cánticos *Galdr*, conectamos con estas vibraciones y frecuencias en un trabajo repetitivo y constante, mediante el cual podremos sintonizar con todas estas frecuencias y alinearnos de manera armónica con ellas.

En el pasado, los *Galdr* constituyeron un conocimiento muy importante de los pueblos del norte de Europa. Éstos ya sabían que la entonación y el poder de la palabra tenían su influencia en el multiverso y en la creación, lo que permitió que otorgaran a esos cánticos un poder de conjuros, cantos mágicos o hechizos, que se cantaban para poder ejercer influencia en todo aquello en lo que se podía intervenir desde el poder de la palabra y los cantos mágicos.

Los cánticos *Galdr* son la entonación, el sonido rúnico y su vibración, y al emitirlos, entonamos lo que representa cada una de las runas de manera específica. Los *Galdr* se podrían definir como algo semejante a «mantras rúnicos», aunque con sus propiedades y cualidades, que son únicas, ya que los *Galdr* tienen poder vibratorio de sanación, elevación, magia y creación. Constituyen el canto que dedicamos a las runas para conferirles poder.

Al cantar el *Galdr* de una runa específica, podemos observar cómo vibra nuestro pecho, hecho que, al mismo tiempo, genera una gran sensación vibratoria en nosotros mismos. Debemos cantarlo poco a poco, alargando al máximo su pronunciación para lograr el sonido vibracional específico de la runa que estemos cantando. Es fundamental la pronunciación correcta, motivo por el cual, antes de emitirlo, es recomendable consultar, ya que cada una de las runas tiene un sonido particular, que es el sonido propio de cada runa, su sonido o frecuencia vibracional concreto y particular.

Los cánticos rúnicos *Galdr* son de gran importancia en nuestras prácticas de *Rune Önd*, ya que ejercen su influencia en la llamada y conexión al espíritu y fuerza de cada una de las runas para que éstas se manifiesten. Los *Galdr* tienen una gran influencia y poder en nuestra persona, al hacer que estemos concentrados y conectados por medio de la frecuencia de energías rúnicas que emitimos al cantarlos. Debemos repetirlos varias veces para poder alterar la conciencia y que nos conduzcan a un estado de trance. Así, sentiremos cómo las energías rúnicas y lo que representan penetran en nuestro subconsciente desde los reinos de la creación, momento en que podremos utilizar esas energías para manifestar lo que deseamos.

En este sentido, evocar las runas está relacionado con lo que emitimos, que, al mismo tiempo, genera su recepción. Por ello, entendemos que al cantar los *Galdr*, llevamos a cabo dos tareas y dos etapas por medio de una misma acción. Cuando evocamos las runas al cantar, permitimos que se manifiesten en nosotros y podemos dirigir esas energías a nuestro objetivo, con lo que nos convertimos en creadores de nuestra realidad. Por ello, los *Galdr* nos aproximan a los poderes y a los secretos de la magia rúnica, mediante los cuales podremos ejercer una influencia en el multiverso y la creación al interactuar con las energías de los reinos de la creación y dirigirlas hacia nuestros deseos y propósitos.

StaðaGaldr: Equilibrio interno. Recepción y proyección de energías rúnicas

No cabe duda del poder vibratorio, energético y mágico de los cánticos *Galdr*. Por ello, el *StaðaGaldr* (el anclaje de la postura de la runa y el cántico *Galdr*) contribuye y potencia más aún la estabilidad emocional y mental. Se trata de una práctica que nos ayuda a que nuestro cuerpo, cuando se ancla haciendo la postura rúnica (*Rune-Stöður*), se convierta en la runa en sí misma, lo cual hace que nos convirtamos en una antena receptora y emisora para recibir y proyectar las energías rúnicas. Se trata de las energías codificadas en cada runa, que residen en el universo y en los reinos de creación.

En algunas ocasiones, el *StaðaGaldr* se denomina de forma coloquial yoga rúnico por su trabajo postural y energético. Debido al hecho de que permite poner en contexto a las personas que lo desconocen, se trata de un método de meditación y magia postural y energética con las runas.

Su finalidad consiste en conectar con la energía de las runas a través varios métodos:

• La meditación.
• La concentración.
• Las posturas o gestos rúnicos.
• La respiración.
• La visualización.
• La voluntad intenta para un efecto mágico y de conexión.

Éste es el método que se inició a principios del siglo XX y que, desde hace décadas, ya se ha dado a conocer en el mundo rúnico. Hoy en día se practica en muchas escuelas de meditación para trabajar la relajación, la meditación, la integración, la proyección y la conexión con las runas.

Este sistema de trabajo postural rúnico se creó para trabajar con las 18 runas Armanen, que yo mismo también utilizo. El runólogo Edred Thorsson lo actualizó en la década de 1980, para lo cual se basó en las posturas de las 24 runas del *Fuþark* antiguo que aparece en este libro.

Existen diversos tipos de posturas rúnicas muy variadas; sin embargo, ninguna de ellas requiere un gran esfuerzo físico de la persona que las realiza. Sin embargo, los movimientos y las *Rune-Stöður* (posturas rúnicas) se deben hacer de un modo correcto para que pueda fluir la energía a través del cuerpo. Esta variedad de posturas implica un gran número de energías rúnicas con las que podemos trabajar e interactuar sin que conlleven una gran dificultad de materialización ni de integración, por lo que se trata de un sistema que se puede asimilar con bastante rapidez siempre que se practicaque de una forma adecuada y de manera cotidiana, en cuyo caso, advertiremos muy pronto los beneficios de nuestro trabajo.

Cuando practicamos el *StaðaGaldr*, el cuerpo adopta la forma de una runa, gracias a la cual, junto al *Galdr*, la concentración, la respiración, la visualización y la meditación, es posible crear o canalizar una gran energía rúnica en la persona que lo realiza. Con las posturas de las runas (*Rune-Stöður*), podemos llevar a cabo ejercicios de meditación y visualización, y alcanzar un adecuado equilibrio energético para conseguir la consciencia del cuerpo, lo que permite activar nuestra energía vital.

Es de sobras conocido que en la mayoría de escuelas mágicas, de meditación o metafísicas, se utilizan posturas corporales para lograr este tipo de beneficios, y esto se debe a sus notables resultados. Por ello, el *StaðaGaldr* es un método muy útil, ya que encontramos esos beneficios a través de las energías que residen en cada una de las runas y en el conocimiento ancestral de los pueblos del norte de Europa.

Rune-Staða es la postura corporal rúnica; *Galdr* es el canto o conjuro de las runas que ejerce vibración y *StaðaGaldr* es la fusión de esos dos conceptos.

El *StaðaGaldr* es una técnica que, antes de su práctica, necesita un gran conocimiento de las runas, de su significado, de qué representan y, sobre todo, del potencial energético que reside en cada una de ellas. Si deseamos conectar y meditar con las energías a través de las runas, antes debemos comprender bien su energía para poder realizar de manera adecuada los ejercicios de meditación, integración y proyección.

Cuando practicamos el *StaðaGaldr* haciendo la postura rúnica (*Rune-Staða*), nuestra mente visualiza la runa, y adopta, a su vez, su forma con el cuerpo, hecho que permite conectar con la energía que representa. Se trata de una práctica idónea para canalizar las corrientes de poder presentes en la Tierra y en la atmósfera, y en las energías de los reinos de creación que representa cada una de las runas. Al trabajar esta disciplina, vemos cómo se convierte en una vía para la transmutación personal y como integración psicológica, aportando beneficios espirituales, mentales y corporales.

Existen distintas zonas cósmicas con las que conectamos al practicar *StaðaGaldr*; en ellas, debemos integrar y enviar patrones de energía a esas diferentes zonas:

- La zona o espacio subterráneo: es un espacio tranquilo que irradia energía.
- La zona o espacio terrestre: es la zona material con formas antiguas de energía atravesadas con varios patrones.
- La zona o espacio ondulatorio: es la zona ubicada sobre la superficie de la Tierra, que nuestros cuerpos habitan y donde intercambiamos los patrones de energía con más facilidad.
- La zona o espacio cósmico: está influenciada y ocupa cuerpos físicos, estrellas y planetas.
- La zona o espacio supracósmico: es la que lo conecta todo.

Como se puede advertir, las prácticas del *StaðaGaldr* nos convierten en una antena de transmisión y recepción de ondas rúnicas, ya que al realizarlas, podemos enviar patrones de energía.

La práctica precisa que varios factores estén en sincronía, todos ellos con la misma atención por parte de nuestros sentidos. Necesitamos una buena concentración para no dispersarnos y centrarnos solamente en la práctica y en controlar las emociones, lo que nos permitirá estar mejor preparados para la meditación y nos ayudará a conectar mejor con las energías rúnicas. También es muy importante la relajación para poder realizar de forma correcta las posturas rúnicas con las formas apropiadas. El *Galdr* (canto o «mantra» rúnico) debe tener la perfecta entonación y repetición del sonido rúnico y su vibración. La pronunciación correcta de cada runa es muy importante, ya que, como se ha comentado, se trata del sonido que emite «la frecuencia vibracional». La correcta visualización nos ayudará a conectar con la energía de la runa al poder verla en nuestro espacio interior irradiando energías rúnicas.

Podemos atraer hacia nosotros combinaciones de energías rúnicas, podemos integrarlas y también redirigirlas al hacernos conscientes de que estamos interactuando con ellas, atrayendo y proyectando con las energías de la Tierra, el universo y los reinos de creación.

Con ello, podemos generar magia rúnica y convertirnos en partícipes de la creación y la evolución del cosmos, ya que nos permiten ser arquitectos de nuestra vida y del multiverso. Además, las prácticas de *StaðaGaldr* tienen su efecto en la transformación espiritual y la sanación interna, así como en el equilibrio energético de nuestros centros o runas energéticas (*Hvelir*), conocidos por la inmensa mayoría de la gente como chakras.

Al practicar *StaðaGaldr*, hemos de tener integrados los siguientes pasos con sus distintos factores, para poder realizarlos todos en sincronía y con la fluidez necesaria:

- Pondremos el foco en la práctica, relajación y control de nuestro cuerpo a través de la postura corporal y el anclaje de la runa (*Rune-Staða*).
- Nos concentraremos en el control del pensamiento y la canalización a través del sonido vibracional, de los cánticos rúnicos (*Galdr*).
- Potenciaremos la concentración y la meditación a través del control de nuestra respiración y nuestras emociones.
- Pondremos conciencia y atención en las fuerzas y formas de energía que residen en todas las áreas de la Tierra, el universo y el multiverso.

- Generaremos la afirmación a través de nuestra voluntad y potenciaremos la visualización de la runa, observando e integrando la energía que irradia.

Rune-Staða Energy Flow: StaðaGaldr en movimiento

El *Rune-Staða Energy Flow* consiste en una técnica para el control y el dominio de las energías rúnicas a través del movimiento lento de las *Stöður*. Es una práctica corporal en la que, por medio de las posturas corporales rúnicas (*Stöður*), creamos leves movimientos físicos, acompañados de los cánticos vibracionales *Galdr*. Los cantos debemos emitirlos con una respiración adecuada, puesto que ésta creará un estado enfocado de conciencia relajada y una meditación correcta, que hará circular las energías rúnicas de la forma idónea. La fluidez de la energía corporal es uno de los aspectos más beneficiosos que podemos generar a través del *Rune-Staða Energy Flow* al activar el cuerpo energéticamente de una manera relajante y placentera. Con ello, generamos en nuestro interior energías sanadoras, espirituales, mágicas y creadoras.

Estas energías rúnicas interactúan con nosotros alineándonos con las energías de la runa con las que trabajamos e integrando o potenciando en nosotros aquello que representa energéticamente. La práctica se basa en la aplicación de leyes naturales del movimiento y la vibración del *Galdr*, así como en la concepción del cuerpo como un sistema dinámico móvil, donde las runas que lo constituyen posibilitan el movimiento energético adecuado para generar la fluidez de energías rúnicas y corporales correctas. La salida del Sol o la primera hora de la mañana son los momentos más apropiados para la práctica. El Sol es vitalizante y las horas tempranas del día son en las que reside la energía creativa y también son adecuadas para activarnos energéticamente para todo el día.

El *Rune-Staða Energy Flow* es un método en cierto modo distinto a los ya conocidos, como pueden ser algunas técnicas de gimnasia en las que se utiliza el control energético, u otras milenarias orientales más conocidas. Aun así, existen ciertos aspectos comunes a prácticas o concepciones corporales similares, ya que la energía corporal en movimiento tiene unos patrones iniciales únicos, aunque en estas prácticas añadimos la vibración corporal que emiten los cánticos *Galdr*. Si todo ello se practica de manera tranquila, ordenada, correcta y pausada, con la respiración controlada y entonando bien los *Galdr*, podemos sentir las energías y sus beneficios con rapidez.

Al igual que en la práctica estática del *StaðaGaldr*, las prácticas del *Rune-Staða Energy Flow* en movimiento no exigen un gran esfuerzo físico, ya que consisten en movimientos lentos y fluidos que no pueden causar lesiones; por el contrario, nos ayudan a desbloquear la rigidez corporal general. Esto se debe a que generamos movimientos fluidos, lentos y relajantes que nos ayudan a que la energía fluya y, además, nos hacen ser conscientes de que toda la energía corporal que producimos influye en el resto de energías. Cuando soltamos la rigidez energética, desde nuestro anclaje con la postura rúnica (*Rune-Staða*) dando lugar a movimiento, nuestro cuerpo se siente mejor y nos desbloquea muchos problemas físicos al diluir de manera progresiva y sutil las tensiones y el estrés que podamos tener acumulados. Además, poco a poco mejora nuestra flexibilidad y aumenta nuestra conciencia corporal y nuestra concentración. Nuestro cuerpo se llena de energía rúnica, y ésta fluye por nuestro cuerpo incrementando nuestra vitalidad, energía o capacidad creadora y mágica.

Las prácticas de *Rune-Staða Energy Flow* tienen una diferencia singular con los ejercicios más conocidos de *StaðaGaldr*, al poder recibir, integrar y transmitir los impulsos energéticos de nuestro cuerpo, generando movimiento. Esto, junto con las energías que representa la runa con la que trabajamos, libera los bloqueos energéticos que nos impiden ser más receptivos y genera mayor armonía en nuestra persona. Podemos utilizar las runas para la ayuda a nuestra sanación corporal, potenciar nuestra energía, equilibrar los *Hvelir* o también generar energías creadoras para manifestar y materializar nuestra voluntad. Por ello, es un sistema sanador, creador y mágico. En las prácticas a través de la *Rune-Stöður* en movimiento, generamos energías en movimiento, lo que nos lleva a la relajación y a un estado meditativo. Hemos de ser conscientes de la gran influencia de la vibración de los cánticos *Galdr*, y de practicarlos en sincronía con nuestros movimientos, con nuestro interior y con el contacto con las energías rúnicas.

Es una disciplina en la que utilizamos el poder energético que representa cada runa. Lo invocamos vibracionalmente con el *Galdr* y lo generamos en nuestro interior por medio de movimientos suaves y lentos del cuerpo. A esto le unimos una correcta respiración pausada que ayuda a nuestra relajación y crea sincronía con el canto *Galdr* para generar la fluidez de energías en nosotros y a nuestro alrededor, unas energías que integramos y al mismo tiempo podemos proyectar.

Con la práctica del *Rune-Staða Energy Flow*, obtenemos el control y el dominio de las energías rúnicas a través de nuestras expresiones corporales, que interaccionan entre sí. En consecuencia, conseguimos grandes beneficios, como una buena salud, buena forma física, longevidad y control psíquico, ya que fortalecemos el cuerpo y la mente a nivel energético, al mismo tiempo que distribuimos las energías de nuestro cuerpo de un modo equilibrado. Lo potenciamos con energías de runas sanadoras o energéticas, de la misma forma que potenciamos nuestra capacidad creadora y mágica con runas que poseen esas cualidades energéticas. Podemos expandir nuestra consciencia y aumentar nuestra conexión divina trabajando con runas de interiorización, integración de consciencia o conexión con los poderes sagrados.

Principios básicos para la práctica:

- Relajación corporal consciente.
- Concentración en nuestro cuerpo, y tanto las energías propias como las que integramos, generamos y proyectamos.
- *Rune-Staða* relajada, en equilibrio, correcta y sin tensión, centrada en la runa.
- Mente enfocada al cuerpo y en las energías rúnicas que potenciamos.
- Respiración consciente y pausada, en sincronía con los movimientos y los *Galdr*.
- Movimientos fluidos correctos, que generan e interactúan con nuestra energía y las energías rúnicas en movimiento.
- Espíritu de voluntad.

Rune-Staða, concentración y relajación corporal

Debemos disfrutar de una adecuada relajación corporal al anclar la postura rúnica (*Rune-Staða*) para que la energía fluya correctamente y obtener un buen conocimiento y autodominio de nuestro cuerpo para que genere e integre energías rúnicas. La relajación se debe iniciar mentalmente. Hemos de ser conscientes de que si conseguimos tener paz mental, nuestro cuerpo estará en relajado y podremos hacer los movimientos de las posturas rúnicas *Stöður* de una manera correcta y, al mismo tiempo, fluida. Si disfrutamos de una armonía interior equilibrada y nuestro cuerpo está relajado, generaremos una interrelación en la mente y el cuerpo, y obtendremos unos buenos resultados y beneficios en la práctica del *Rune-Staða Energy Flow*.

Nos pondremos de pie en una posición cómoda y neutra, con la espalda recta, para, de este modo, enraizar con la energía de la Tierra y conectar con las energías rúnicas y cósmicas e nivel mental. Hemos de ser conscientes de nuestro centro vital energético, que podemos equilibrar con movimientos rúnicos hacia abajo con los brazos de un modo muy lento y con la respiración coordinada. Centraremos nuestra atención mental en ello, junto con la relajación muscular y nuestros órganos internos. Una vez conseguido esto, y cuando estemos preparados y equilibrados, podremos interactuar y realizar movimientos energéticos de una forma fluida.

Mente bien enfocada, tanto interna como externamente

Para poder realizar de un modo correcto las prácticas de *Rune-Staða Energy Flow*, hemos de enfocarnos en sentir nuestro interior, en ayudar a que nuestro cuerpo esté en armonía y sentir tanto las energías corporales como las energías rúnicas que generamos con los cánticos *Galdr*. Si nuestra mente consciente es capaz de tener bajo control esta faceta, tendremos el control de nuestra energía vital y las energías rúnicas. Para ello, hemos de encontrar la paz interior, para, de este modo, poder conectar con nuestra esencia divina y espiritual, alejada de pensamientos negativos o intrusivos. Es recomendable hacerlo de forma alegre para alimentar energéticamente el cuerpo y los pensamientos, ya que la alegría y la serenidad ayudan a la fluidez de las energías y también a generarlas, o a su circulación, integración y proyección.

La respiración y el *Galdr*

Una respiración correcta es de vital importancia para realizar bien las prácticas *Galdr*, ya que nos permite entrar en estados meditativos, distribuir la energía vital en nuestro cuerpo y generar fluidez de movimiento de las energías rúnicas que producimos e integramos con los cánticos *Galdr*. Estos cantos, para esta práctica, deben ser lentos y prolongados, ya que de este modo, en nuestra caja torácica, se forja una vibración que se va extendiendo por nuestro cuerpo y generando las energías de la runa con la que estemos trabajando. Se trata de energías vitales de la Tierra, la atmósfera y los reinos de creación, y por ello, debemos ser conscientes de buscar adecuadamente qué runa debemos trabajar en cada momento. La respiración debe ser tranquila y fluida, y no hacerla de manera incorrecta debido a estados bajos de ánimo o alteración emocional; si estamos equilibrados, en armonía y serenos, tendremos una respiración correcta que potenciará mucho la práctica. Está más que demostrado que cuando nos enfadamos, aceleramos la respiración, hecho que afecta a la práctica, lo mismo que sucede cuando estamos tristes, momento en que inspiramos más. Por ello hemos de tener una gran predisposición antes de empezar y entender la importancia de la respiración bien compenetrada con el cántico *Galdr* y el movimiento.

Debemos tener en cuenta una premisa imprescindible para el buen funcionamiento:

- Al inhalar, generamos los movimientos fluidos de extensión del cuerpo y la postura rúnica, preparando el aire en los pulmones para hacer el cántico *Galdr*.
- Exhalaremos cantando el *Galdr* poco a poco (en sincronía con el movimiento corporal), sintiendo la vibración del *Galdr* y en total equilibrio con el ejercicio. En ese momento, nuestro cuerpo se irá recogiendo con los movimientos que generan fluidez de energías.

Los movimientos fluidos

Cuando los movimientos fluidos se ejercitan de manera correcta, generan e interactúan con nuestra energía y con las energías rúnicas en movimiento. Por este motivo, debemos ser conscientes de hacerlos con lentitud y en sincronía con la respiración y el *Galdr*, y, sobre todo, buscando el equilibrio corporal y energético adecuado, sintiendo así la fluidez energética de nuestra energía vital, alineada con las energías rúnicas que generamos con los *Galdr* y los movimientos. Debemos alcanzar el conocimiento, el equilibrio y la integración del ejercicio, para saber cuándo hacer pausas. Asimismo, hemos de ser conscientes de nuestros movimientos en todo momento y saber escuchar y leer nuestro cuerpo, para no hacer ningún ejercicio con rigidez corporal, que, de manera automática, estancaría o bloquearía la energía. En definitiva, ningún movimiento ha de ser forzado o brusco. Los bloqueos energéticos surgen por varios motivos, por ejemplo, a causa de tensiones, rigidez corporal o estados de ánimo bajos. Podemos mejorar muchísimo y sanar esos bloqueos haciendo bien las prácticas de *Rune Önd* en su totalidad. Se trata de prácticas que mejoran mucho nuestro bienestar y armonía. Además, al tratarse de una práctica pausada y fluida, es muy difícil que pueda provocar lesión alguna.

Hay que ser conscientes de que cuando tenemos una buena respiración compenetrada con la concentración mental y los cánticos *Galdr* y con los movimientos correctos, lentos y pausados, generamos una armonía mental y corporal que permite el flujo de las energías vitales y alinearlas con las energías rúnicas. Lo más importante es saber que cuando hacemos los movimientos rúnicos de apertura, es en ese preciso momento cuando expulsamos energía y, en cambio, cuando hacemos los movimientos rúnicos de flexión, llenamos de energía nuestro cuerpo, hecho que nos permite interactuar y controlar tanto nuestra energía vital como la energía vital rúnica con la que estamos trabajando. Cabe destacar también que es recomendable reforzar la práctica con estiramientos antes del ejercicio para tener las articulaciones más flexibles, lo cual potenciará la fluidez de las energías en la práctica.

El espíritu de la voluntad interior

El *Rune-Staða Energy Flow* es una práctica de ejercicios fluidos para la armonización, interacción y alineación con la energía vital y las energías rúnicas. Esto, además de generar energía y armonización en nosotros, potencia nuestra mente, lo que implica un espíritu de voluntad mayor. Con la práctica, obtenemos muchas mejoras palpables y beneficios, debido a las distintas áreas de trabajo (mental, corporal, vibracional y energético).

Asimismo, nos ayuda a conectar con las energías vitales del multiverso, lo cual da lugar a una evolución espiritual más que notable. En un período de tiempo rápido, advertiremos que mejora nuestra concentración, así como nuestra intuición corporal y energética, lo mismo que la flexibilidad, la pausa interior y la tranquilidad interna, a lo que se añade la voluntad mágica para proyectar en nuestra vida aquello que deseamos, al poder generar movimiento energético a través de las runas y redirigirlo, si fuera necesario.

Hvelir Rune Energy: Equilibrio y sanación

El *Hvelir Rune Energy* es una de las prácticas de *Rune Önd* más importantes, ya que con él se trabajan las áreas emocionales, tanto energética como vibracionalmente, con los *Hvelir* (chakras o centros energéticos), y también su sanación y su fluidez. Este trabajo de desbloqueo potencia nuestro campo energético y regula nuestros *Hvelir* al poner intención emocional y psíquica en cada *Hvel*. Lo haremos con la aportación de los cánticos *Galdr*, con los que emitimos la vibración adecuada al centro energético. Para ello, debemos escoger bien las runas específicas que necesitamos para aplicarlas a cada *Hvel* y sanarlo, equilibrarlo o potenciarlo. Podemos servirnos de un tambor chamánico, ya que nos ayudará a marcar los tiempos con su sonido vibratorio, aunque también podemos emplear los sonidos que emiten los cuencos de cuarzo y otros instrumentos musicales o que produzcan sonido y que sean adecuados.

Los *Galdr* (mantras o cantos rúnicos) tienen un gran poder purificador y energético. Los hay específicos para alinear, potenciar y equilibrar los *Hvelir* del cuerpo. Los *Galdr* pueden trabajar para manifestar y proyectar nuestra voluntad como conjuros mágicos, pero también son sonidos vibratorios o energías de los reinos de creación del universo y el multiverso, y tienen una clave que reside en cada runa, que ha de ser descifrada y que potencia nuestros centros energéticos gracias a la repetición constante.

Hvelir (centros energéticos o chakras)

Nuestros centros energéticos deben estar alineados, conectados y desbloqueados, y tienen que fluir adecuadamente, pues en ellos reside nuestra energía mental, emocional y espiritual. A veces mucha gente no es consciente de la importancia de cuidarlos y prestarles atención, y hemos de ser muy conscientes de ello, porque el hecho de que estén desbloqueados y con fluidez nos otorga un bienestar inmenso. Cada uno de ellos tiene un potencial energético específico, que siempre debemos tener equilibrado y en un flujo constante. Los *Hvelir* bloqueados nos hacen ser conscientes de que aquellos conceptos energéticos con los que están relacionados no están sanados o equilibrados y debemos trabajar en ello. Nuestras emociones y pensamientos son la clave en cada uno de los *Hvelir*, así como en aquello que gobierna cada uno de ellos.

Nuestros *Hvelir* están en constante movimiento energético y proyectan o absorben energía de continuo y se mueven en espiral. La energía de los *Hvelir* fluye en dos direcciones, horaria o antihoraria. Cuando lo hace de forma horaria, atraen energías, y las proyectan cuando fluyen de forma antihoraria.

- Visualizamos el *Hvelir* (chakra) en su color y cómo entran las energías en espiral de forma horaria.
- Visualizamos en su color y cómo proyectamos energías de forma circular en sentido antihorario.

Todos los centros energéticos están conectados entre sí. Los más activos pueden compensar a los que lo están menos o algo bloqueados, pero hemos de intentar no «desgastarlos». Por ello, en las prácticas de *Rune Önd*, también disponemos de técnicas para desbloquearlos e irradiar una buena energía, lo que nos conduce a estar equilibrados en cuerpo, mente y espíritu.

Los *Hvelir* desbloqueados y alineados permiten que fluya la energía y que sintamos una gran sensación interna y percibamos un gran estado de bienestar general. Sentimos paz y armonía interior, y tenemos una gran sensación positiva en la vida al eliminar sensaciones o pensamientos negativos. En consecuencia, podemos atraer armonía, abundancia y todo lo bueno a nuestra vida, porque estamos equilibrados. En estos estados, después de las prácticas de *Hvelir Rune Energy*, nuestra aura se fortalece, nuestra capacidad intuitiva aumenta y nuestra percepción y nuestra divinidad internas se expande y conecta mejor con los poderes sagrados y con las energías de orden superior.

Hay que prestar mucha atención a los centros energéticos bloqueados y, al localizarlos, ir al origen y causa del problema. Si tenemos los *Hvelir* equilibrados, incrementaremos y notaremos bienestar físico y mental debido a que energéticamente estaremos equilibrados. Por ello, es importante saber reconocer si tenemos alguno bloqueado o cerrado, motivo por el cual debemos conocer su relación con lo que representan.

Al analizar las emociones que se relacionan con cada *Hvelir*, es posible hacer un diagnóstico interno con una gran precisión y observar dónde se halla el bloqueo. La energía personal y emocional, que deriva de pensamientos y emociones, va directamente a los centros energéticos. Por ello, nuestras emociones y pensamientos deben ser positivos, o nosotros mismos bloquearemos nuestros *Hvelir* a través de nuestros pensamientos o emociones negativos. A través de los síntomas más comunes, es posible ver qué *Hvelir* requieren nuestra atención.

El primer *Hvel* se relaciona con el derecho a tener. Este *Hvel* manifiesta el hecho de recibir lo necesario para nuestra supervivencia en la vida física. Podemos advertir que está bloqueado en nosotros mismos o en personas con escasa voluntad o pocas ganas de vivir (sin ganas de hacer o vivir cosas). Lo detectamos en personas desvitalizadas con sentimientos de miedo o preocupaciones. Su color es el rojo, está ubicado en la base de la columna vertebral y su elemento es la tierra. Es un *Hvel* que, cuando está equilibrado, nos proporciona la energía de voluntad y coraje que nos genera ganas de vivir, por lo que gobierna los impulsos primarios como son el sustento, la autoconservación, el sueño y el sexo. Energéticamente, nos ayuda a conectarnos con la Tierra y con nuestra experiencia física, así como a tener estabilidad interna. Se pueden trabajar muchas runas. Entre las recomendadas se encuentran: *Fehu, Ūruz, Ingwaz*.

El **segundo** *Hvel* se relaciona con el derecho a sentir. Este *Hvel* manifiesta la libertad del ser humano para poder expresar sus emociones. Lo detectamos bloqueado en personas con dificultades en cuanto a la potencia sexual, o con problemas o bloqueos para dar y recibir amor. Suelen ser personas a las que les gusta estar aisladas. Su color es el naranja, está ubicado en la zona de la pelvis y su elemento es el agua. La función energética del segundo *Hvel* consiste en ayudarnos a regular nuestras emociones y deseos para que no seamos dominados por ellos, ya que tenerlo en desequilibrio o bloqueado puede hacernos reprimir emociones, generar frustración o, si está hiperactivo, puede dar lugar a ansiedad o falta de control en nuestras expresiones emocionales negativas. El segundo *Hvel*, cuando está equilibrado, nos proporciona enfoque y control en los temas emocionales; en consecuencia, nuestra personalidad no se adhiere a las emociones negativas y no se deja llevar por ellas. Se pueden trabajar muchas runas. Entre las recomendadas se encuentran: *Laguz, Wunjō, Þurisaz, Ōpala*.

El **tercer** *Hvel* se relaciona con el derecho a obrar. Este *Hvel* manifiesta los actos realizados a través de la voluntad. Su color es el amarillo, está ubicado en la zona del ombligo y su elemento es el fuego. Su bloqueo genera en las personas falta de voluntad y personalidad, y tenerlo hiperactivo puede dar lugar a la voluntad de controlar o manipular a los demás. El tercer *Hvel* equilibrado nos facilita enfoque y control en los temas emocionales ligados a optimizar nuestra confianza y poder personal. Con ello, afrontamos la vida con más fuerza y determinación, y podemos afirmar nuestra voluntad en la vida. Tener nuestro fuego interior en equilibrio nos ayuda a digerir nuestras experiencias de vida. Permite la expresión del poder personal y la voluntad, y nos proporciona la confianza necesaria para procesar y eliminar lo que ya no nos sirve y dejarlo ir. Se pueden trabajar muchas runas. Entre las recomendadas se encuentran: *Þurisaz, Kauna/Kēnaz, Īsa/Īsaz*.

El **cuarto** *Hvel* se relaciona con el derecho a amar y ser amado. Este *Hvel* manifiesta la salud emocional de nuestro corazón. Su color es el verde, está ubicado en el corazón y su elemento es el aire. Lo detectamos bloqueado en personas con ausencia de propósitos y que escogen mal a sus parejas al no equilibrar bien esas emociones. Si está desequilibrado, puede hacernos sentir poco amados, odiados o rechazados por la sociedad, familia o parejas, o incluso no amarnos a nosotros mismos, lo que nos incapacita para proyectar ese amor a los demás y, en consecuencia, bloquea las relaciones saludables. Cuando está equilibrado, nos otorga la capacidad de sentirnos amados y de ofrecer amor. Podríamos decir que nos conecta con el amor incondicional y, por tanto, con emociones como la paz y la apertura a todo, lo cual también nos brinda armonía social desde la visión y sentimiento de amor propio y genera el sentimiento de compañerismo hacia los otros. Hacia el resto. Nos confiere una alta conciencia emocional interna y externa. Se pueden trabajar muchas runas. Entre las recomendadas se encuentran: *Gebō, Laguz, Ehwaz, Wunjō.*

El quinto *Hvel* se relaciona con el derecho a expresar y a escuchar la verdad. Este *Hvel* manifiesta la honestidad (interna y externa). Su color es el azul, está ubicado en la garganta y su elemento es el Önd (energía vital). Lo detectamos bloqueado en aquellas personas a quienes les cuesta comunicarse y no son capaces de tomar la responsabilidad y las riendas de su propia vida y suelen tener frustraciones y pensamientos negativos. Cuando este *Hvel* está desequilibrado y es deficiente, puede conducirnos a la incapacidad para expresarnos, lo cual se traduce en ser más introvertido, tímido, e incluso, en muchas ocasiones, en alejarnos de la verdad. Cuando está alineado, nos hace expresar sentimientos sin miedo a lo que puedan pensar y comunicar desde el corazón, transmitiendo nuestra verdad. Se pueden trabajar muchas runas. Entre las recomendadas se encuentran: *Ansuz, Gebō, Wunjō.*

El sexto *Hvel* se relaciona con el derecho a ver. Este *Hvel* manifiesta la visión de lo físico y lo extrasensorial. Lo detectamos bloqueado en las personas confusas, sin ideas o bloqueos en sus ideas, con bajos estados de ánimo o depresión de una manera continuada. Su color es el índigo y está ubicado entre las cejas. Se suele relacionar con el desarrollo y las habilidades psíquicos, y potencia la intuición. Se considera el asiento de la mente, de la conciencia consciente e inconsciente. Es el *Hvel* de la intuición, de la visión, de la adivinación, de la imaginación…

Nos proporciona conocimiento interno y seguridad en nosotros mismos. Su función energética consiste en ayudarnos a aprender en toda su complejidad, a conocernos a nosotros mismos emocional, mental y espiritualmente. Tiene una gran influencia sobre la glándula pituitaria, y, cuando está en desequilibrio y es deficiente, da lugar a falta de concentración y limita las experiencias de la vida a lo sensorial y dificulta la concentración. En el caso de un desequilibrio hiperactivo, genera ilusiones, decepciones y un exceso de imaginación. Se pueden trabajar muchas runas. Entre las recomendadas se encuentran: *Laguz, Perþrō, Berkanō, Sowilō*.

El séptimo *Hvel* se relaciona con el derecho a saber. Este *Hvel* manifiesta la información y el conocimiento natural y espiritual. Está bloqueado en aquellas personas que no conectan con su yo superior o que sienten ira. Su color es el violeta y su ubicación se encuentra en la corona. Podemos entenderlo como la puerta de entrada a la conciencia pura o consciencia ódínica, por lo que nos ayuda a conectar con la energía divina. Influye en la conciencia del yo superior y, al mismo tiempo, en el conocimiento del yo interior. Se asocia con nuestro yo superior. Cuando este *Hvel* está desequilibrado y es deficiente, nos hace tener un apego material y quedarnos anclados en la existencia a nivel material. En consecuencia, nos separa de la esencia divina y hace que tan sólo nos centremos en los placeres y las necesidades del cuerpo. Se pueden trabajar muchas runas. Entre las recomendadas se encuentran: *Dagaz, Berkanō, Ansuz, Ehlaz / Algiz*.

Hvelir «externos»: Puentes de conexión

Además de estos siete centros energéticos conocidos, existen otros *Hvelir* «externos» y complementarios para trabajar. Para entender su función, actúan como si se tratara de un «puente» entre nuestras energías y las energías de la Tierra y de los mundos de los dioses.

El octavo *Hvel* es el derecho a la comprensión de nuestra vida en la Tierra. Es de color marrón y es el centro energético en el que reside la comprensión espiritual de nuestra vida en *Midgard* (la Tierra). Nos proyecta en las habilidades que hemos aprendido a través de nuestra vida o vidas y nos conecta con el conocimiento original que reside en la Tierra. Este octavo centro energético está vinculado con la energía terrestre, motivo por el cual recibe el nombre de *Hvelir* de *Midgard*. Se ubica unos 10 o 15 centímetros por debajo de nuestros pies, lo que hace que tengamos simbólicamente una perspectiva más elevada. Se trata de un espacio vibratorio que nos conecta con la memoria y el conocimiento de la Tierra y nos revela nuestra misión espiritual en ella. Es un espacio energético puro, cristalino, que nos hace estar fuera del espacio y el tiempo, lo que genera nuevas perspectivas, conocimientos y creencias de todo. Se pueden trabajar muchas runas. Entre las recomendadas se encuentran: *Ūruz, Ingwaz, Berkanō, Eihwaz.*

El noveno *Hvel* se relaciona con el *Sál* (el alma), tiene un color blanco luminoso y actúa como el puente Bifrost (arcoíris). Se encuentra sobre la parte superior de la cabeza, justo por encima del *Hvel* de la corona. También recibe el nombre de *Hvel* de Bifrost, ya que actúa como «puente» o conexión a través del cual la energía espiritual y el amor divino entran en el cuerpo. El puente Bifrost en la mitología nórdica es lo que nosotros conocemos como arcoíris, y conectaba *Midgard* (la Tierra) con *Asgarðr* (el hogar de los dioses). Este puente energético necesita tener los siete *Hvelir* equilibrados y que fluyan para poder realizar la ascensión. Los *Hvelir* simbolizan los siete colores que crean el puente de Bifrost al estar alineados, lo cual proyecta esa luz hacia lo divino. Se pueden trabajar muchas runas. Entre las recomendadas se encuentran: *Ehlaz/Algiz, Sowilō, Mannaz, Ansuz.*

Cómo trabajar los *Hvelir* y las runas

Al analizar las emociones que se relacionan en cada *Hvelir*, es posible hacer el diagnóstico interno de una manera precisa y observar dónde tenemos un bloqueo energético. A través de los síntomas más comunes explicados en cada *Hvelir*, es posible ver qué centros energéticos requieren nuestra atención y gestar soluciones para ello. Para ello, nos enfocamos en el problema de raíz y construimos pensamientos y sentimientos opuestos a los bloqueos, pensamientos positivos, de soltar sin rencor, etcétera.

Trabajaremos uno a uno los centros energéticos, o *Hvelir*, poniendo énfasis y atención en lo que cada uno representa, y proyectaremos vibración, sonido, pensamientos y afirmaciones a través de las runas y los *Galdr*, acompañados de sonidos e instrumentos que ayudarán a desbloquearlos:

- La escucha de *Galdr* (mantras rúnicos), música, tambor y sonidos específicos permite equilibrar la energía de cada *Hvel*.
- Meditaciones guiadas, meditaciones rúnicas y meditaciones de relajación en sincronía para lograr estados energéticos y vibracionales adecuados.
- El trabajo con las energías con runas, piedras y cristales aporta una energía adecuada a cada *Hvel*.
- Declamación de los *Galdr* o mantras rúnicos para cada centro energético.
- Las afirmaciones permiten sanar cada uno de los *Hvelir*.

La energía fluye con libertad al trabajar todos estos aspectos en cada *Hvel*, y con ello nos equilibramos física y emocionalmente, y conseguimos armonía y bienestar.

Hvelir y las runas que hay que trabajar

Para trabajar los *Hvelir* con las runas, hemos de realizar un estudio profundo de las runas a nivel energético, para poder aplicar las correctas en cada centro energético y tener éxito.

En la descripción que habéis podido leer de cada *Hvel*, hay información y recomendaciones sobre qué runas específicas podemos trabajar con cada *Hvel*. Están basados en experiencias y trabajos de varios maestros, pero tenemos que entender que es algo amplio y complejo. Por eso, hay que analizar bien cada contexto, ya que es preciso saber qué energía o cualidades tiene cada runa específica que queramos trabajar en ese centro energético y comprender su asociación con cada *Hvel*. Lo que es obvio es que no sólo se asocia una runa por *Hvel*, porque pueden existir muchas variantes.

Si un *Hvel* representa varias facetas con las que podemos trabajar, es lógico pensar que no vamos a poder trabajarlo con una sola runa; así, buscaremos la runa adecuada para trabajar cada faceta, o bien la faceta que queramos potenciar o sanar. Las runas también tienen varios aspectos y, por lo tanto, ciertas runas se podrían trabajar en distintos centros energéticos dependiendo de qué se desee trabajar.

Sinnengaldr: Meditación rúnica *Galdr*

La meditación con *Galdr* (cánticos rúnicos) puede realizarse con o sin tambor. Se trata de un trabajo que autorregula la mente y nos hace entrar en nuevos estados de consciencia relacionados con las runas con las que trabajamos.

El *SinnenGaldr* (desarrollo de los sentidos con los *Galdr*), o meditación *Galdr*, consiste en meditar cantando el *Galdr* de la runa: el canto acompaña a la meditación con la vibración que se produce con el *Galdr*. Se trata de un ejercicio de repetición que puede hacerse cantando el *Galdr* de la runa veintisiete, setenta y dos veces, o lo más recomendable, ciento ocho veces, lo que dependerá del trabajo de cada maestro rúnico.

Las repeticiones de los *Galdr* hacen que la mente se concentre mejor y se relaje, lo cual nos ayuda a potenciar nuestras facultades físicas, energéticas y mentales. Las repeticiones de los *Galdr* tienen que ser fluidas, hecho que genera un proceso natural que emana del interior de un modo casi inconsciente, para que la mente se deje llevar como un mero observador y se despreocupe de la materialización del proceso, manteniéndola alejada de pensamientos ajenos o distracciones, centrándonos en el trabajo que estemos haciendo, ya sea sanador, mágico, evolutivo o creador.

Práctica
Lo primero que se tiene que hacer antes de empezar para conseguir una buena ejecución es establecer la intención y el propósito. Para ello, hay que escoger la runa o runas que representen aquello con lo que se quie-

re trabajar, enfocado en la sanación, el equilibrio, la magia, la creación, etcétera.

Hay que preparar el lugar de meditación con atención, asegurándose de que no se produzcan interrupciones; para ello, lo idóneo es colocar una esterilla, un cojín o una alfombra de meditación y tener una luz neutra bastante baja, algo que se consigue con lámparas de sal, velas… También es posible usar inciensos o cualquier cosa que resulte agradable para meditar.

La postura ideal para sentarse es en posición de flor de loto de meditación, aunque algunas personas utilizan otras posturas o incluso están de pie. Lo importante es tener la espalda recta y erguida, pero distendida y con los hombros sueltos. Hay que pensar que en Occidente hay muchas personas con poca flexibilidad en las articulaciones de la cadera y las rodillas si aún no están preparadas y les puede causar dolor. Lo recomendado es meditar sentado en una silla con las mismas premisas que en la posición de flor de loto, apoyando el peso del cuerpo sobre los isquiones para no colapsar las lumbares evitando una excesiva presión sobre las vértebras, los órganos y la musculatura pélvica.

Las posturas de meditación sentado, como se ha mencionado, ayudan a apoyar el trabajo de la mente. Está comprobado que si tenemos la espina dorsal derecha y sin malas posturas de carga, la energía fluye con más libertad. Además, reducirá las distracciones que produce una mala alineación corporal. Si el cuerpo está erguido y firme, la espina dorsal ayudará a alinear la cabeza, el cuello y el tronco, cosa que producirá un efecto positivo en la mente para irnos hacia dentro.

Hay que estar preparado para pronunciar el *Galdr* correctamente, para generar el sonido y la vibración adecuados que ayudan a alinearse con esa energía. Antes de empezar, hay que saber cómo se va a cantar y probar las tonalidades. El cuerpo se ha de convertir en un solo campo de vibración con los sonidos de los *Galdr*. Durante toda la práctica, hay que intentar respirar con el mismo ritmo. Para ello, hay que inhalar por la nariz desde el abdomen hacia arriba, llenando, por este orden, el abdomen, el tórax y el pecho. A continuación, hay que retener la respiración durante un segundo y exhalar lentamente siguiendo el proceso contrario, comenzado por el pecho, siguiendo por el tórax, para acabar por el abdomen.

Este ejercicio de respiración se tiene que repetir varias veces, las que sean necesarias para relajarse y concentrarse. Para ello, se tiene que visualizar la runa con la que se está meditando, y cuando la respiración y la concentración estén controladas, se podrá cerrar los ojos. Se comenzará por visualizar la runa con los ojos cerrados, hasta que ésta y su energía penetre y se esté por completo conectado con ella.

Es preciso poner los cinco sentidos en la respiración y el sonido que se emite. Nada debe distraer mentalmente, no hay que dejar que ningún pensamiento entre en la mente mientras se está realizando esta actividad. Así se entrará en el estado de vibración de la runa y el cuerpo y la mente estarán alineados y en sintonía con la energía de lo que representa la runa, y también se entrará en estados alterados de consciencia. Cuando los cánticos *Galdr* se recitan correctamente, se generan las vibraciones sonoras, que crean un efecto en la persona. Los beneficios a nivel interno o psíquico son notables, y poseen una materialización física en nuestra vida, ya sea en cuanto a sanación, equilibrio o creación a través de esa vibración y de esas energías.

Los *Galdr* tienen un gran poder de manifestación sanadora, espiritual y de creación. Ciertas canciones con *Galdr* pueden ser realmente beneficiosas, creadoras y mágicas. Practicarlo en grupo es una experiencia que se debe practicar, ya que el poder se magnifica y la sensación es maravillosa.

A través del *SinnenGaldr* se potencia la sanación, el equilibrio energético y la alteración de la consciencia, además de aumentar la conexión con los poderes sagrados y los dioses. Asimismo, es posible añadir ejercicios de visualización para potenciar aún más el trabajo que se está haciendo en cualquier ámbito.

Önd Breathwork: Respiración consciente y energía vital

Las prácticas conocidas con el nombre de *Önd Breathwork* son de gran importancia para las de *Rune Önd* sin excepción. Son los trabajos de respiración consciente con la energía vital (*Önd*). Para que nuestro cuerpo pueda vigorizarse correctamente necesita una buena respiración. Resulta de vital importancia hacer bien los ejercicios de respiración, tanto en las prácticas físicas como en los cánticos *Galdr*. Respirar de la manera correcta puede ayudar mucho a nuestro estado de salud, por lo que es necesario tener conocimientos de los diferentes tipos de respiración.

Una respiración correcta es necesaria para que el oxígeno llegue bien a los órganos internos y que los masajee, para conectar con las energías, etcétera.

Concentración y respiración: antes de empezar cualquier práctica de la disciplina *Rune Önd*, es preciso prepararse para no interrumpir el ejercicio y hacerlo de manera seguida y fluida. En primer lugar, es preciso dejar la mente en blanco, no pensar en nada al hacerlo. Hay que centrar todos los sentidos y atención en el ejercicio. Hay que estar en silencio y respirar profundamente para estar del todo tranquilos, concentrados y relajados. La respiración debe ser correcta, por lo que se debe consultar cualquier técnica de respiración para la meditación que funcione, y practicarla bien, ya que, en caso contrario, el ejercicio no funcionaría bien. En la respiración de *Rune Önd*, se dinamiza la idea de absorber la energía vital y las energías rúnicas.

Ahora veremos algunas recomendaciones que funcionan en los distintos ejercicios, por lo que tenemos un referente para conseguir el éxito en las prácticas.

Los distintos tipos de respiración

Existen tres formas de respiración:

- La respiración diafragmática, abdominal o baja.
- La respiración pulmonar, torácica, intercostal o media.
- La respiración clavicular o alta.
- La respiración completa y perfecta integra las tres en una.

Todas las prácticas y ejercicios deben hacerse respirando por la nariz, tanto en la inspiración como en la espiración. Se deben hacer de un modo silencioso y lento y de manera cómoda para que resulten cómodos y continuos.

La respiración baja: diafragmática, abdominal

Se trata de una respiración esencial, ya que hemos de ser conscientes de que el diafragma se considera nuestro segundo corazón. Si generamos un diafragma flexible, con movimientos fluidos, rítmicos y constantes, mejoramos los sistemas fisiológicos. Al hacer esta respiración, nuestro diafragma integra el movimiento que producimos con la respiración, cosa que produce la liberación de tensiones. En consecuencia, esto da lugar a una mejor distribución de energía a cada célula y sistema de nuestro organismo.

El proceso es simple, hay que inspirar y espirar por la nariz y mantener el diafragma relajado. Notaremos, cuando inspiramos, cómo nuestro abdomen se hincha. El sutil descenso del diafragma generará un masaje permanente en nuestra persona, muy eficaz para liberar tensiones y muy beneficioso para la musculatura abdominal. Debemos inspirar poco a poco y llenar de aire la parte baja de los pulmones. Al espirar, tenemos que vaciar al máximo los pulmones, y hacerlo suave y sutilmente. Notaremos que, justo al vaciar por completo los pulmones, nuestra propia respiración se pone en marcha de manera automática para seguir haciendo este ejercicio. Veremos cómo nuestro vientre se relaja «pidiendo» realizar de nuevo el proceso. Podemos hacerla con la posición de la runa *Ïsa/Ïsaz*, estirados en el suelo o de pie, y también en la posición *Stödhur* de la cruz en el suelo o de pie. Es la respiración que utilizaremos en todas las prácticas, debido a que se trata de un proceso beneficioso.

La respiración media: pulmonar, torácica

Con esta respiración, cuando inhalamos, expandimos la caja torácica y llenamos por completo de aire los pulmones en la zona media. La respiración torácica favorece la entrada de aire en los pulmones. Es recomendable ejecutar este ejercicio después de una respiración focalizada en el abdomen, ya que es beneficiosa como complemento tras ésta. Nos ayuda a que el aire llegue a los pulmones. Podemos llevar a cabo esta práctica sentados en posición de meditación, lo que facilita la expansión o separación de las costillas y la dilatación de los músculos asociados.

La respiración alta: clavicular

Con la respiración alta levantamos las clavículas al respirar; al hacerlo, el aire no llega a la parte profunda de los pulmones, sino que podríamos decir que penetra de modo superficial. Cabe tener en cuenta que esta respiración suele estar relacionada con personas que tienen tensiones nerviosas. Por ello, es la menos eficiente de todas las respiraciones, y por este motivo, lo ideal es la respiración completa con la unión de las tres respiraciones, donde ésta cumple una función conjunta más favorable.

El hecho de hacerlo de forma conjunta aporta beneficios; además, si la realizamos después de los otros dos ejercicios, es bastante fácil de poner en práctica, aunque una respiración con las tres a la vez es muy completa, como se verá a continuación, tras la explicación de cómo realizarla. En primer lugar, levantamos las clavículas al mismo tiempo en que inspiramos, ya que ése es el momento en que el aire penetra poco a poco, pero hemos de hacerlo sin levantar los hombros. De este modo, la parte superior de los pulmones recibe un aporte de aire fresco.

La respiración completa: unificar las respiraciones

La práctica de la respiración completa consiste en una unión de las tres prácticas y genera un lleno absoluto de los pulmones. En primer lugar, realizamos una inspiración de manera lenta y que abarque las tres fases. Por ello, primero hemos de espirar poco a poco hasta vaciar bien los pulmones. Acto seguido, llenaremos los pulmones, con lo que desciende el diafragma abdominal. Entonces se expanden las costillas para que entre el máximo aire (respiración de zona intercostal) y, al final, levantaremos las clavículas, para generar, en la parte superior, un soplo de aire fresco. Podemos hacer esta respiración en la posición de la runa *Ísa/Ísaz*, estirados en el suelo o de pie, y también en la posición *Stödhur* de la cruz en el suelo o de pie.

Önd Breathwork: Prácticas *Stöður*

Las prácticas de respiración *Önd Breathwork* son imprescindibles para tener éxito en los ejercicios de *StaðaGaldr, Rune-Staða Energy Flow,*

Galdr y en todas las prácticas de *Rune Önd* con energías y vibración. No cabe duda de que ejercen un efecto transformador y positivo en nosotros en muchas áreas. Armonizan la mente, aumentan la energía física, producen calma interior e incrementan y generan nuestra energía vital, el *Önd*. Debemos trabajar esta faceta correctamente y hacer las respiraciones completas o abdominales en todos los ejercicios. Podemos empezar las prácticas con la *Rune-Staða Ísa/Ísaz* (brazos relajados) o la *Rune-Staða* de la cruz. También es posible realizar al final los ejercicios de respiración con estas posturas estirados.

- Relajaremos cuerpo y mente.
- Haremos una respiración consciente (como se ha explicado).
- Equilibraremos la respiración con los cánticos *Galdr* y las distintas prácticas de *Rune Önd*.
- Generaremos ritmos continuados.

Önd Breathwork: Respirar *Rune Önd*

Respirar *Rune Önd* es trabajar la respiración con la energía vital, hacerlo con cada runa y lo que represente energéticamente; es respirar las energías del *Fuþark*. Para hacer el ejercicio, debemos concentrarnos en la runa y visualizarla al cerrar los ojos. Entonces inspiramos la energía que emite la runa que visualizamos, y al asimilar su energía en los pulmones, la extendemos por todo el cuerpo. Podemos hacer este ejercicio escogiendo la runa específica, pero existe una práctica para trabajar el *Rune Önd* con las veinticuatro runas seguidas. Inspiramos la energía que emite la primera runa (Fehu) mientras la visualizamos y al asimilar su energía en los pulmones, la extendemos por todo el cuerpo. Entonces exhalamos haciendo «una pausa» de integración energética mientras visualizamos la siguiente runa para inhalar su energía, y así sucesivamente, hasta concluir las veinticuatro runas del *Fuþark*.

Respiración *Galdr*: Técnicas de respiración vocal

Es necesario realizar de manera correcta la respiración vocal para poder hacer los ejercicios vocales con éxito. Sólo así funciona el potencial de cada runa al hacer los *Galdr*. El rúnologo Karl Spiesberger incluyó algunas de estas pautas en su libro *Runenmagie* en la década de 1950, así como en otro trabajo, *Runen exerzitien für Jedermann*. Edred Thorsson, en sus trabajos de Rune Gild y en sus libros de trabajo, siguió este proceso de respiraciones, que han sido referentes hasta el día de hoy. Se trata de tener concentración y relajación, ya sea en una *Rune-Staða*, sentado en posición de meditación o estirado. Lo importante en los diversos ejercicios de *Rune Önd* es establecer un ciclo de respiración regular. Podemos empezar por aquel con el que nos sintamos más cómodos. Lo fundamental es tener en cuenta las cuatro partes importantes del ejercicio:

1. Inhalación.
2. Retención.
3. Exhalación.
4. Retención.

Al hacer estos ejercicios de respiración, debemos llenar y vaciar por completo los pulmones en las inhalaciones y las exhalaciones. Lo haremos con las tres respiraciones de *Önd Breathwork* mencionadas anteriormente. Estas respiraciones se aplican a todos los ejercicios de *Rune Önd*.

Para ejecutar la respiración vocal con los *Galdr*, podemos empezar con un ritmo de respiración más desequilibrado. Podemos inhalar durante, cinco segundos, retener el aire tres segundos y exhalar siete segundos, y entonces podemos esperar tres segundos. Los *Galdr*, ya sean de una runa específica o cantos a varias runas, se coordinan de forma activa al hacer la exhalación. La experiencia con la respiración y los *Galdr* nos llevará a forjar un trabajo más completo de inhalación-exhalación, que tendrá ritmos mas equilibrados.

Önd Breathwork: Ritmos más comunes

Existen ritmos más comunes. Como son los que funcionan con mayor facilidad y brevedad, hemos de practicarlos de manera cotidiana e ir escogiendo de una forma intuitiva aquellos que consideramos más adecuados para cada práctica. El maestro Karl Spiesberger nos mostró ya en la década de 1950 este grupo de ritmos comunes, muy conocidos y practicados por los maestros rúnicos de varias décadas hasta la actualidad. Su eficacia es evidente y por eso se han convertido en una referencia.

1) Inhala durante 5 segundos, retén el aire 1 segundo y exhala durante 5 segundos. Espera el impulso de respirar e inhala de nuevo.
2) Inhala durante 4 segundos, retén el aire durante 2 segundos, exhala durante 4 segundos y realiza una pausa durante 2 segundos.
3) Inhala durante 5 segundos, retén el aire durante 3 segundos, exhala durante 7 segundos y realiza una pausa durante 3 segundos.

Éstas son pautas iniciales y referencias, pero dependiendo del ejercicio, del propósito y la capacidad, podemos reducir o ampliar el tiempo que se emplea en cada actividad.

Relajación: Meditación rúnica visual guiada

Abrimos nuevas puertas a nuestra conciencia a través de la meditación rúnica guiada al conectar interiormente con el simbolismo y arquetipo de la runa, y al hacerlo en un estado de relajación. Es una práctica sencilla, ya que simplemente nos dejamos guiar desde un estado relajado y una correcta respiración y visualización. Generamos un estado de calma en la mente e integramos la información y comprensión espiritual y cósmica de la runa. Podemos fortalecer nuestra concentración con la runa, le prestamos la atención absoluta que requiere para obtener el conocimiento que radica en esa runa, que, junto con la imaginación y el desarrollo de visualización, potencian ese aprendizaje. Estas prácticas sirven para integrar el arquetipo, el simbolismo y la energía de la runa de forma sutil y eficaz, así como para actuar en el inconsciente.

La meditación rúnica guiada nos permite aprender de la runa a través de la relajación, la imaginación y la visualización, que nos pueden ayudar a proyectar los cambios que deseamos de forma directa o simbólica a través de la runa con la que hacemos la meditación. Podemos integrar el conocimiento de la runa o proyectar nuestros deseos, y hacerlo desde la tranquilidad, la armonía y la paz interior. Potenciamos el poder de visualización y creación, el desarrollo espiritual y de conocimiento y, con ello, obtenemos confianza y eliminamos bloqueos a través de la interacción rúnica en ese estado. Disfrutamos de los beneficios de una meditación relajada, dejándonos llevar desde la armonía y la paz interior, pero consiguiendo la comprensión del potencial de la runa y desarrollándolo, incrementándolo y proyectándolo como herramienta creadora.

Para poder hacer esta práctica, necesitamos gestar la narrativa de la runa para poder integrar su comprensión al dejarnos llevar por su contexto, aplicando la visualización y el poder creador por medio de las siguientes prácticas:

- Relajación corporal tumbado en el suelo.
- Respiración consciente de meditación.
- Concentración interna.
- Focalización de la runa.
- Poder de visualización.

F

↑

EL CONCEPTO DEL ALMA

El concepto del alma en la espiritualidad germánica

Para poder practicar *Rune Önd*, es necesario entender el mundo espiritual germánico. Al analizarlo, somos conscientes de que la estructura y el concepto del alma están bien definidos en varios factores. Esto nos lleva a entender el enfoque y la forma de nuestro propio engranaje espiritual, lo que implica poder trabajar correctamente las prácticas de *Rune Önd*.

El alma se compone de estos distintos factores, que nos ayudan a conocernos mejor en cada faceta de nosotros mismos y, así, poder aplicar las técnicas y prácticas de *Rune Önd* con más sentido común. La concepción del alma en la espiritualidad germánica está relacionada con los diversos factores que la componen: el *Yo-Wode*, el *Lik*, el *Harm*, el *Önd*, el *Odhr*, el *Hugr*, el *Minni*, la *Fylgya*, la *Hamingja* y el *Sál*.

El *Lik* (el cuerpo)

El *Lik* es nuestro cuerpo físico. Lo entendemos dentro de la concepción y filosofía de nuestra espiritualidad; por ello, comprendemos su papel, y forma parte de la experiencia iniciática, es el reflejo del exaltado estado de inspiración divina en el concepto del alma.

El *Hamr* (el cuerpo astral)

El *Hamr* es nuestro cuerpo astral; por lo tanto, nos moldea y controla nuestra forma y apariencia. Hay que tener en cuenta que puede desarrollarse y mutar a través de nuestra voluntad y que lo que creemos en el *Hamr* se reflejará en nuestro *Lik*.

El *Yo-Wode* (el estado de consciencia)

El *Yo-Wode* es el estado de consciencia que gestamos. Al tener un equilibrio interior total, desde ese estado desarrollamos nuestra consciencia divina.

El *Önd* (el aliento vital, la energía vital)

El *Önd* es el aliento vital o la energía vital. A través de él desarrollamos los niveles de conciencia avanzados y nuestro poder espiritual.

El *Ódhr* (éxtasis, inspiración, alto grado de energía y entusiasmo)

El *Ódhr*, u *Oth*, es el éxtasis o inspiración. Es el pensamiento interno, la conciencia y nuestra voz interior. Hemos de ser conscientes de que podemos obtener muchos niveles o grados de *Ódhr* y tipos de conciencia. Si conseguimos controlar el *Önd*, podremos hacer lo propio con nuestro *Ódhr*. El concepto del La, que significa sangre o fluido vital, representa nuestra energía espiritual que impulsa el cuerpo; es el resultado en forma física de *Ódhr*, los sentidos. Entendiendo dos conceptos de una misma cosa, podemos desarrollar mejor nuestro *Ódhr*.

El *Hugr* (pensamiento, mente que calcula y analítica)

El *Hugr* es nuestra parte analítica del alma, donde generamos el entendimiento, el pensamiento y, en consecuencia, nuestra mente calculadora y analítica. Los dos cuervos de Odín, Hugin y Munin (que significan «pensamiento» y «memoria»), representan la facetas del *Hugr* («pensamiento») y la *Minni* («memoria»).

La *Minni* (memoria)

La *Minni* es la parte del alma reflexiva, imaginativa y de memoria de nuestra consciencia. La *Minni* es el pensamiento asociativo que podemos ver en las funciones del hemisferio cerebral derecho, donde también reside el conocimiento sobre el pasado y la memoria mágica simbolizada en el pozo de Mimir.

La *Hamingja* (suerte, poder luminoso)

La *Hamingja* es una suerte o poder luminoso que nos acompaña en esta vida física. Es considerada algo parecido a un espíritu familiar, o incluso de reputación familiar, que nos acompañará para siempre. Todos tenemos nuestra propia *Hamingja* personal, que está ligada a un todo familiar y que está conectada a la Fylgia y el Hamr. Cuando activamos la voluntad y la pasión interiores con una buena visión, nuestra *Hamingja* influencia esos cambios, al tratarse de un poder que podemos aumentar con nuestra determinación.

La *Fylgja* (espíritu guardián)

La *Fylgja* es lo que entendemos como nuestro doble espiritual, espíritu guardián o un animal espiritual vinculado a nosotros. Es como una entidad tutelar relacionada con nosotros que nos hace de guía cuando es necesario. Suele estar ligada a nuestro carácter, al ser el reflejo y estar impregnada de nuestro carácter y forma de actuar. Puede presentarse de distintas formas: como un animal (o animal totémico), tras la apariencia de una persona del sexo opuesto, o por medio de una forma geométrica o abstracta de energía, que puede llegar a ser resplandeciente o cambiante.

El *Sál* (alma)

El *Sál* es la forma que adoptamos después de la muerte. Podríamos decir que mantiene los elementos que hemos explicado en el estado que tendremos tras nuestra muerte. Es lo que fuera de nuestra concepción llamarían fantasma, aunque en ello vemos los matices propios de nuestra visión.

RUNAS: FUÞARK GERMÁNICO

TRABAJO Y SIGNIFICADO

FEHU

ᚠ

Palabras clave

Primer fuego, energía generadora. Ganado, riqueza, dinero, posesiones. Contiene la energía del esfuerzo, el poder móvil, el éxito social, la ambición y los nuevos comienzos.

Galdr de la runa *Fehu*

fffffffff

fa fa fe fi fo fu

ffffffafffffffefffffffifffffffofffffffu

Faaaaaafeeeeeefiiiiiifooooooofuuuuuu

fa farfiu feo fehufeu

Color de visualización: Rojo brillante

Potencial energético y rúnico

Los trabajos energéticos con la runa *Fehu* nos ayudan a conectar con energías de abundancia y a aumentar nuestros bienes a nivel económico y material, y también en la materialización de metas y proyectos. *Fehu* es el fuego generador y la fuerza arquetípica que genera movimiento y expansión. En la mitología, es la fuente de generación del fuego cósmico que procede del *Munspelheim* (el reino del fuego).

Se trata de una runa de silencio iniciático, muy útil en los trabajos de meditación, ya que es el silencio que nos ayuda a ascender a un estado de conciencia superior y que nos acerca al conocimiento de los poderes sagrados. A través de la runa *Fehu*, podemos atraer e interactuar con los poderes lumínicos del Sol, la Luna y las estrellas, y es una runa emisora, indicada para la transferir energías rúnicas. Aporta desarrollo interior y fortalece nuestros poderes psíquicos y nuestro poder mágico, al mismo tiempo que nos ayuda a canalizar con nuestra *Hamingja* (suerte, espíritu guardián).

Representa la fuerza básica de la fertilidad y, por ello, en la mitología se asocia a dioses vinculados a ella, como son Njord, Freyr y Freya, que nos ayudan a atraer bienes, salud y sanación. *Fehu* es una runa creadora que transmite la fuerza expansiva que podemos integrar y dirigir para materializar nuestros proyectos o bienes materiales; por ello, nos ayuda a manifestar la riqueza material y todo aquello que queramos manifestar en el mundo físico. Es una runa de principio creador, y al trabajarla hemos de equilibrar las enérgicas internas de deseo de materialización para no caer en la avaricia.

Reflexión de la runa *Fehu*

Fehu es el primer fuego y la energía generadora que residen en cada uno de nosotros. Es la runa que nos impulsa a vivir nuestra existencia con abundancia aquí y ahora, y al conectar con ella, sentimos la plenitud que nos relaciona con la frecuencia de impulso y abundancia. Es el arquetipo del tesoro mítico que encontramos cuando focalizamos la energía de intención y sentimos la abundancia como la clave de la plenitud espiritual.

Con la runa *Fehu*, nuestro interior arde de energía y poder, ya que es la conexión con la energía del fuego cósmico que nos hace impulsar los objetivos. Es el principio del poder móvil, la intención y el silencio de los orígenes con el que propagamos las intenciones, y es la energía generadora aún no manifestada, que contiene el potencial primigenio de nuestro ser y nuestra parte divina que influye en los reinos de creación. Podríamos decir que es la runa de la energía de la intención que generamos para manifestar. *Fehu* gesta el logro de la riqueza material y espiritual, indica abundancia y nos ayuda a sentir la plenitud de tener abundancia.

A través de *Fehu*, interactuamos con las energías de los reinos de creación y proyectamos nuestra estabilidad económica y personal; asimismo, la realización de proyectos que nos motiven nos ayuda a hacer realidad nuestros deseos. Por ello es una runa para trabajar el bienestar en nuestra vida y potencia nuestra suerte para materializar nuestras intenciones. Es la runa de la ayuda en todas las facetas, y su poder se puede transferir a los necesitados, pudiendo, así, generar y compartir energías para aumentar la riqueza del espíritu y el despertar espiritual, pero debemos recordar mantener el equilibrio de nuestro fuego interno espiritual para no caer en la parte negativa de lo material. Nos abre a generar, recibir y dar, y a través de ella podemos elevar nuestra consciencia, pues es una runa generadora de riqueza material y espiritual cuando somos conscientes de su potencial. Es una runa propicia para canalizar energía solar y aumentar y fortalecer nuestros poderes psíquicos.

Rune-Staða: postura corporal rúnica

Nos concentraremos, relajados, y nos pondremos de pie con la espalda recta, sin ninguna tensión en el cuerpo, con los pies a la anchura de las caderas. Respiraremos por la nariz profundamente unas cuantas veces hasta sentir que estamos preparados para empezar. Alzaremos los dos brazos, con el brazo izquierdo un poco más elevado que el derecho. Pondremos las palmas de las manos hacia fuera o hacia adelante, para recibir mejor la energía, y extenderemos los dedos para dirigirla.

Visualizaremos la runa al hacer la postura de manera correcta y fluida, y cantaremos el *Galdr*. Lo haremos de la manera adecuada, para que el sonido vibracional sea el correcto y haga su efecto.

SinnenGaldr y Höndstaða

Para la meditación con *Galdr*, haremos el *Höndstaða* (mudra rúnico) de la runa *Fehu*, sentados en postura de meditación. Relajaremos el cuerpo, con la espalda recta y los hombros hacia atrás. Tendremos la mente en blanco y comenzaremos a respirar profundamente muy concentrados.

Elevaremos el brazo izquierdo con los dedos apuntando hacia arriba, inclinando hacia la derecha los dedos pulgares y anular (o, como alternativa, pulgar e índice).

Las técnicas de respiración y de meditación deben practicarse de la manera correcta (*Önd Breathwork*), ya que son de vital importancia para realizar el ejercicio con éxito. Para realizar la práctica, podemos ayudarnos de cualquier técnica de respiración y meditación con la que nos sintamos más cómodos, teniendo en cuenta que los cánticos *Galdr* deben sintonizarse con la meditación.

Visualización de la runa y su color

Cuando hayamos realizado la postura rúnica con el cuerpo (*Rune-Stöður*) o con las manos (*Höndstöður*), cerraremos los ojos y visualizaremos la runa concentrados en todos los aspectos de la práctica. Haremos la respiración adecuada y una correcta visualización.

Entonces visualizaremos que de la runa *Fehu* sale un resplandor de color rojo claro. Visualizaremos cómo el resplandor de color que desprende la runa nos rodea y penetra en nuestro interior. Crearemos un campo del color de la visualización de la corriente y la energía rúnica, con el que sintonizaremos y nos alinearemos. El hecho de visualizar el resplandor de la runa nos servirá para alinearnos y conectar con las energías rúnicas y nos ayudará a sentirlas. Una vez conectemos y sintamos las energías rúnicas y cósmicas, podremos integrarlas y meditar el tiempo que creamos necesario.

Rune-Staða Energy Flow: Rune-Staða en movimiento

Para empezar, nos pondremos de pie relajados con las piernas a la anchura de las caderas, la espalda recta y la vista al frente. Tendremos la mente en blanco, relajados y preparados para concentrarnos en la runa y sus energías.

Tendremos que compenetrar el movimiento, la respiración y el *Galdr* en todo momento, haciendo movimientos lentos y fluidos. Pondremos los brazos en diagonal hacia arriba, con el brazo derecho ligeramente mas alto que el izquierdo y con las palmas de las manos paralelas mirándose entre sí, pero sin tocarse. Poco a poco, haremos un movimiento corporal de cadera y de brazos hacia la izquierda; al cambiar de sentido, hacia la derecha, con sutileza iremos invirtiendo la altura de los brazos sin dejar de mantenerlos arriba como si asiéramos una esfera energética. Después, acabaremos dirigiéndonos hacia el centro y bajáremos los brazos suave y lentamente con las palmas hacia dentro y sin tocar el cuerpo. Con sutileza liberaremos esas energías en el proceso.

ŪRUZ

ᚢ

Palabras clave

Bisonte, fuerza física, salud, defensa, manifestación, tenacidad, compresión propia, dar forma al alma, energía vital, capacidad, determinación, desafíos internos, poder formativo, transformación orgánica.

Galdr de la runa *Ūruz*

ŪruzŪruzŪruz

uuuuuuuuuu

uuuuurrrrr

uuuuuuuuuu

Ūruzzzzzz

Color de visualización: Verde oscuro

Potencial energético y rúnico

Gracias a la runa *Ūruz*, podemos trabajar las energías rúnicas de la salud, la fuerza física y la vitalidad. Nos ayuda a integrar y comprender la fuerza primigenia, formadora y también formuladora del multiverso. Hemos de entender que se trata de la fuerza primaria antes que de la fuerza que formula y se manifiesta. Es la energía activa no manifestada antes de la materialización y la creación. Por ello, conectamos con los instintos primarios aún no canalizados en los humanos. Asimismo, es la energía terrenal como fuerza de conformación primaria, que puede ser controlada por la voluntad humana, lo que la hace muy indicada para canalizar las energías telúricas y las corrientes terrenales magnéticas.

Nos permite desarrollar el crecimiento del conocimiento interno y la comprensión de nuestro yo y de nuestro propio ser al simbolizar el conocimiento primario. En consecuencia, podemos generar el poder moldeador que brota desde su esencia. Por este motivo, a través de la runa *Ūruz*, integramos las energías rúnicas de conocimiento primario y comprensión propias.

Reflexión de la runa *Ūruz*

La runa *Ūruz* es el recipiente de energía primordial a partir del cual generamos nuestra fuerza vital inherente. Por este motivo, a través de ella, potenciamos la salud y la energía vital, lo que nos aporta la fuerza interna y la gestación del poder formativo y la transformación orgánica para dar forma desde el interior. Nos proporciona las energías física y psíquica necesarias, para, desde el interior, manifestar aquello para lo que estamos llamados. Con la comprensión de los patrones de nuestro pasado, damos forma a nuestra fuerza interna, que trasciende por encima de aquello que nos estorba, y activamos la energía no manifestada, lo que nos capacita para mostrar aquello que estamos destinados a materializar en esta vida, a pesar de lo que pueda costarnos.

Ūruz nos ayuda a que la energía vital fluya en nosotros y aquella energía no manifestada fluya hacia fuera para trascender aquello que reside en lo más profundo de nuestra persona. En consecuencia, nos ayuda a encontrar la fuerza interior para cualquier proyecto, idea o comienzo que pueda partir desde nuestro lado más instintivo. Asimismo, nos permite escuchar nuestro instinto y gestar nuestra energía instintiva, pero desde el control interno, a pesar de lo que pueda suceder en el mundo externo.

Ūruz es muy útil para controlar nuestra fuerza con la mente asentada, lo que libera nuestro corazón para manifestar lo que somos. Eso desarrolla en nosotros paciencia y fortaleza internas contra la adversidad y el cansancio físico y psíquico. Por ello, tiene una energía transformadora muy poderosa.

Los reinos creativos y los poderes sagrados nos confieren una fuerza y energía únicas. En nuestra evolución, tenemos que aprender a integrarlas y manejarlas correctamente. Cuando entendemos esto, generamos la fuerza y la confianza internas para confiar en los reinos de la creación y en los poderes sagrados, lo cual genera una energía única que manifiesta cosas impensables para la comprensión humana.

Rune-Staða: postura corporal rúnica

En primer lugar, nos concentraremos relajados y nos pondremos de pie con la espalda recta y sin ninguna tensión en el cuerpo. Respiraremos profundamente por la nariz unas cuantas veces hasta sentir que estamos preparados para empezar.

Alzaremos los brazos hacia arriba y flexionaremos el cuerpo de manera lenta y progresiva por la cadera y con la espalda recta. Los brazos se mantendrán estirados y los iremos dirigiendo progresivamente hacia el suelo. Podemos calentar y estirar la espalda antes de hacer esta práctica.

Al realizar la postura de manera correcta y fluida, visualizaremos la runa y cantaremos el *Galdr*. Lo haremos de la manera adecuada para que el sonido vibracional sea el correcto y haga su efecto.

SinnenGaldr y Höndstaða

Para la meditación con *Galdr*, haremos el *Höndstaða* (mudra rúnico) de la runa *Ūruz*, sentados en postura de meditación. Relajaremos el cuerpo y pondremos la espalda recta y los hombros hacia atrás. La mente debe estar en blanco. A continuación, comenzaremos a respirar profundamente y muy concentrados.

El brazo izquierdo debe tener los dedos apuntando hacia abajo siguiendo la forma de la runa *Ūruz*. Los dedos pulgar e índice deben colocarse de forma paralela, con los dedos que acompañan al dedo índice alineados en su misma posición.

Debemos realizar las técnicas de respiración y de meditación de manera correcta (*Önd Breathwork*), ya que son de vital importancia para que obtener el éxito en este ejercicio. Para esta práctica, podemos ayudarnos de cualquier técnica de respiración y meditación con la que nos sintamos cómodos, teniendo en cuenta que los cánticos *Galdr* deben estar sintonizados con la meditación.

Visualización de la runa y su color

Cuando hayamos realizado la postura rúnica con el cuerpo (*Rune-Staða*) o con las manos (*Höndstaða*), cerraremos los ojos y visualizaremos la runa concentrados en todos los aspectos de la práctica. Haremos la respiración adecuada y una correcta visualización.

Entonces visualizaremos cómo de la runa *Ūruz* emana un resplandor de color verde oscuro. Visualizaremos cómo este resplandor nos rodea y penetra en nuestro interior. Con ello estaremos creando un campo de visualización de la corriente y energía rúnica en su color, con la que sintonizaremos y nos alinearemos. El hecho de visualizar el resplandor de la runa nos servirá para alinearnos y conectar con las energías rúnicas y nos ayudará a sentirlas. Una vez conectemos y sintamos las energías rúnicas y cósmicas, las podremos integrar y meditar el tiempo que consideremos necesario.

Rune-Staða Energy Flow: Rune-Staða en movimiento

Para empezar, nos pondremos de pie relajados con las piernas a la anchura de las caderas, la espalda recta y la vista al frente. Tendremos la mente en blanco. Estaremos relajados y preparados para concentrarnos en la runa y en sus energías. Tendremos que tener compenetrados el movimiento, la respiración y el *Galdr* en todo momento, haciendo movimientos lentos y fluidos. Comenzaremos poniendo las palmas de las manos mirando hacia dentro a la altura de las caderas sin tocarlas.

A continuación, alzaremos los brazos de forma circular desde las caderas. Comenzaremos el círculo ligeramente desde el costado, abriendo los brazos hacia arriba con las palmas hacia afuera. El círculo se irá completando hacia delante. Cuando estén sobre la cabeza y rectos, los iremos bajando en sincronía con la espalda, por la parte delantera (*Rune-Staða Ūruz*). Las rodillas estarán rectas y las doblaremos ligeramente, inclinándonos hacia delante y agachándonos sin perder el equilibrio. Al llegar con las manos a las rodillas, colocaremos las manos hacia arriba, abriendo los brazos hacia atrás y siguiendo la forma circular, a la vez que alzamos con sutileza nuestro cuerpo hacia arriba con la espalda recta, estirando las rodillas. De este modo dirigiremos la energía hacia los lados. Mientras tanto, y de un modo sutil, liberaremos esas energías.

ÞURISAZ

ᚦ

Palabras clave

Thurs/gigantes, martillo de Thor, voluntad de acción, despertar interno, fuerza dirigida, prueba u obstáculo, aprender a controlar los impulsos y el ego, equilibrio de energías opuestas, fuerza protectora/destructora, erotismo vital, regeneración, suerte, fuerza instintiva e inconsciente, cautela, ruptura o cambios.

Galdr de la runa *Þurisaz*

ÞurisazÞurisazÞurisaz

ththththththththth

thurtharthirtherthor

thuthathi the tho

Color de visualización: Rojo brillante

Potencial energético y rúnico

Las energías de la runa *Þurisaz* aportan el despertar interno de la voluntad de acción al contener una gran energía. Pero hemos de hacer los ejercicios rúnicos de manera consciente, aunque antes tenemos que equilibrar las energías opuestas. *Þurisaz* contiene las energías opuestas, que se pueden descontrolar, aunque si trabajamos con ellas, esto nos ayuda a equilibrarlas. Todo ello nos puede costar un poco al principio al tratarse de una energía de gran potencia, pero luego podemos proyectarla a nuestra voluntad para romper barreras y obstáculos de nuestra vida.

Hemos de entender que las energías de *Þurisaz* albergan en la misma medida tanto el bien como el caos. Y ambas residen en el inconsciente humano, que incluye la ira y la lujuria. Por ello, se trata de una runa para trabajar a fondo y para tener en equilibrio todas esas energías. Esta runa y sus energías se pueden entender a través del *Mjöllnir* (el martillo de *Thor*) y los gigantes (*Jotuns*) a los que combate. *Þurisaz* alberga esa polaridad de energías, ya que tienen un origen divino común. Por ello, representa una fuerza cósmica, tanto destructiva como defensiva. Asimismo, es, en esencia, una energía de fuerza de dos extremos, motivo por el cual hemos de equilibrar esos extremos en nuestra persona. Cuando actuamos desde la inconsciencia, generamos compulsión, y cuando lo hacemos como seres conscientes, producimos transformación, hecho que puede entenderse en la polaridad *Thor*/gigantes. Si equilibramos todas nuestras energías opuestas, obtendremos una energía impulsora y de voluntad de acción muy poderosa, canalizada y controlada.

El martillo de *Thor* es una fuerza destructora y defensiva que protege a *Midgard* (el mundo). Nos ayuda tanto a proyectar y a impulsar nuestras acciones como a protegernos energéticamente y de maleficios. Nos aporta amor y conocimiento de la unidad, la división de las cosas y la comprensión de los extremos. Por este motivo hemos de trabajar para controlar la fuerza destructiva. También podemos trabajar el control de la furia y la ira, interactuando con energías opuestas.

Ésta es una runa vinculada a los gigantes (*Jotuns*) y al martillo del dios *Thor*: es el rayo y el trueno, y su energía rompe las barreras para fecundar, penetrar, traspasar y rasgar. Nos prepara energéticamente para la fertilidad y la regeneración en todos los ámbitos y nos insta y ayuda a vencer los obstáculos externos, afrontando temores poniéndonos a prueba para ello.

Reflexión de la runa *Þurisaz*

La runa *Þurisaz* despierta en nosotros las energías de la voluntad de acción, con las que podemos dar forma a acciones poderosas. Es una runa, que, cuando no está trabajada, puede desbordarnos y desequilibrarnos al representar los opuestos y tener unas energías muy fuertes. Esto nos incita a trabajar en tener las energías equilibradas, y si lo hacemos, nuestra fuerza psíquica crecerá y se estabilizará. Si lo logramos, no habrá obstáculos en ningún ámbito que puedan frenar nuestra voluntad enérgica. Pero lo hemos de hacer siempre, manteniendo el equilibro de unas energías polarizadas muy potentes, que tendremos que controlar ante muchas situaciones.

La energía de *Þurisaz* bajo control tiene un gran poder, y en muchos casos nos invitará a no actuar y contemplar la situación y a no utilizar la energía de furia que contiene; quizá estemos alerta, pero desde el lugar de control de nuestra energía más fuerte.

A pesar de su naturaleza enérgica, puede aportar el equilibrio energético interno, que calma nuestra mente y nos aporta una gran fuerza. Esto nos hace tener visiones más calmadas y claras, que nos alejan del caos y el descontrol interno.

Rune-Staða: postura corporal rúnica

Nos concentraremos relajados y nos pondremos de pie con la espalda recta y sin ninguna tensión en el cuerpo. Respiraremos profundamente por la nariz unas cuantas veces hasta sentir que estamos preparados para empezar. La postura integradora de energías en esta runa es muy sencilla, al igual que poderosa, en el flujo de las energías rúnicas. Estaremos de pie y flexionaremos el brazo izquierdo por la parte del codo apoyando la palma de la mano en nuestra cadera.

La postura proyectora de energías de *Þurisaz* debe realizarse de pie alzando los dos brazos hacia arriba y uniendo los dedos de las palmas de las manos. A continuación, levantaremos la rodilla izquierda, flexionándola y colocando el pie junto a la rodilla. Mantendremos el equilibrio y proyectaremos las energías de impulso.

Visualizaremos la runa, mientras realizamos la postura de manera correcta y fluida y cantamos el *Galdr*. Debemos hacerlo bien para que el sonido vibracional sea el correcto y haga su efecto.

SinnenGaldr y *Höndstaða*

Para la meditación con *Galdr*, haremos el *Höndstaða* (mudra rúnico) de la runa *Þurisaz*, sentados en postura de meditación. Relajaremos el cuerpo y pondremos la espalda recta y los hombros hacia atrás, tendremos la mente en blanco y comenzaremos a respirar profundamente y muy concentrados.

Dirigiremos el brazo izquierdo hacia arriba y, con los dedos pulgar y anular tocándose entre sí por la punta, haremos la forma de la runa *Þurisaz* y dejaremos los otros dedos hacia arriba.

Las técnicas de respiración y meditación deben realizarse de la manera adecuada (*Önd Breathwork*), ya que son de vital importancia para obtener éxito en el ejercicio. Para ello, podemos ayudarnos de cualquier técnica de respiración y meditación con la que nos sintamos cómodos, teniendo en cuenta que los cánticos *Galdr* deben sintonizarse con la meditación.

Visualización de la runa y su color

Cuando hayamos realizado la postura rúnica con el cuerpo (*Rune-Staða*) o con las manos (*Höndstaða*), cerraremos los ojos y visualizaremos la runa concentrados en todos los aspectos de la práctica. Haremos la respiración adecuada y una correcta visualización.

Entonces visualizaremos cómo de la runa *Þurisaz* emana un resplandor de un color rojo brillante. Visualizaremos cómo este resplandor nos rodea y penetra en nuestra persona. Con ello crearemos un campo de visualización de la corriente y energía rúnica de su color, con el que sintonizaremos y nos alinearemos. El resplandor de la runa servirá para alinearnos y conectar con las energías rúnicas, y nos ayudará a sentirlas. Una vez estemos conectados y sintamos las energías rúnicas y cósmicas, podremos integrarlas y meditar el tiempo que creamos necesario.

Rune-Staða Energy Flow: Rune-Staða en movimiento

Para empezar, nos pondremos de pie relajados con las piernas a la anchura de las caderas, la espalda recta y la vista al frente. Tendremos la mente en blanco, y estaremos relajados y preparados para concentrarnos en la runa y sus energías.

Debemos compenetrar el movimiento, la respiración y el *Galdr* en todo momento, haciendo movimientos lentos y fluidos. Los pies deben estar alineados con la anchura de las caderas. Comenzaremos con los brazos hacia abajo con las palmas de las manos unidas. Acto seguido, los iremos subiendo casi pegados al cuerpo y generaremos un movimiento con las palmas de las manos mirando hacia delante y, poco a poco, estiraremos los brazos a la altura del pecho, con las palmas unidas. Al llegar al límite, iremos abriendo los brazos poco a poco hacia fuera, con las palmas mirando hacia afuera, y las bajaremos lentamente de forma circular, con las palmas hacia abajo, dirigiendo la energía hacia la zona de nuestro aparato reproductor sin llegar a tocarlo. Con sutileza, liberaremos esas energías en el proceso.

ANSUZ

ᚠ

Palabras clave

Dios, Odín, poder divino, inspiración, consciencia, comunicación, habilidades verbales, claridad, sabiduría, consejos, aprendizaje, entusiasmo, iniciación, inspiración divina, conocimiento sagrado, liberación.

Galdr de la runa *Ansuz*

ansuzansuzansuz

aaaaaaaaaa

aaaaassss

aaaaa

aaaaaasssss

aaaaaaa

ansuzansuzansuz

Color de visualización: Azul oscuro

Potencial energético y rúnico

Ésta es una runa muy importante para trabajar energéticamente, ya que con ella integramos las energías ódicas y energías de consciencia odínica. Se trata de una runa ligada a Odín, quien nos revela el poder y el secreto de las runas y nos otorga a los humanos el don del *Önd* (espíritu, aliento de la vida o energía vital). Es una energía divina que todos tenemos y que podemos potenciar y expandir con los trabajos en los distintos ejercicios de *Rune Önd*.

También podemos trabajar con la energía del *Óðr* (inspiración del pensamiento, éxtasis, alto grado de energía y entusiasmo), que asimismo radica en esta runa. Los dioses Odín, Vili y Ve ofrecieron estos dones a Ask y Embla (los primeros humanos). Esta explicación mitológica nos ayuda a comprender la importancia de trabajar estas energías que podemos atraer y nos aportan un conocimiento y una comprensión metafísicos. Podemos trabajar, potenciar e integrar la consciencia, la expresión del poder espiritual que nos transforma y conectar con la sabiduría, la razón, la comunicación y el conocimiento atrayendo los buenos consejos, las verdades y las revelaciones que contiene esta runa.

Las energías de la runa *Ansuz* nos ayudan a alejarnos de los miedos y nos traen procesos de iniciación. Potenciamos nuestros poderes mágicos, de clarividencia y el contacto con los poderes sagrados. El trabajo de introspección con esta runa aporta sabiduría, inspiración, creatividad y comunicación. Desarrollamos nuestra fuerza mágica y poderes comunicativos como la palabra y la canción.

Es la runa de la inspiración extática que podemos ver simbolizada en la mitología nórdica a través el *Óðrærir* (recipiente o contenedor de la hidromiel mágico-poético que excita la inspiración) que nos guía en el camino evolutivo de la sabiduría y el conocimiento. Nos acerca y nos vincula a los poderes sagrados a través de Odín y de nuestros actos mágicos y espirituales y de trabajo de conexión.

Reflexión de la runa *Ansuz*

En nuestro camino nos encontramos con muchas señales que descifrar y la runa *Ansuz* nos ayuda a desarrollar nuestra capacidad receptiva interna. Es entonces cuando el poder consciente despierta en nuestro interior, y la consciencia y la inspiración extática crecen en nosotros aumentando el vínculo con los dioses y los poderes sagrados.

Ansuz potencia y aumenta la inspiración, la sabiduría, el conocimiento y el poder de comunicación en nosotros y nos libera de las cadenas de lo externo y de sistemas de creencias no válidos. Conectamos con la energía divina, y, de este modo, aumenta en nosotros el don que Odín ofreció a la humanidad y la fuerza espiritual. Conectamos con el poder divino, la sabiduría y la inspiración de Odín, que residen en la runa *Ansuz* y que nos transforman.

El conocimiento aumenta si sabemos comunicarnos bien y nos hacemos las preguntas adecuadas. Sin duda, cuando trascendemos de nuestro ego, esto nos lleva a encontrar el camino de expansión de nuestra conciencia. Esta runa nos revela los secretos del alma para sanarla, dejando atrás el ego y manifestando nuestra esencia más profunda al conectar con los poderes sagrados.

Staða: postura corporal rúnica

Nos concentraremos relajados; después, nos pondremos de pie con la espalda recta, los pies a la anchura de las caderas, y sin ninguna tensión

Meditación rúnica con el *Höndstaða* (mudra rúnico) de la runa *Sowilō*

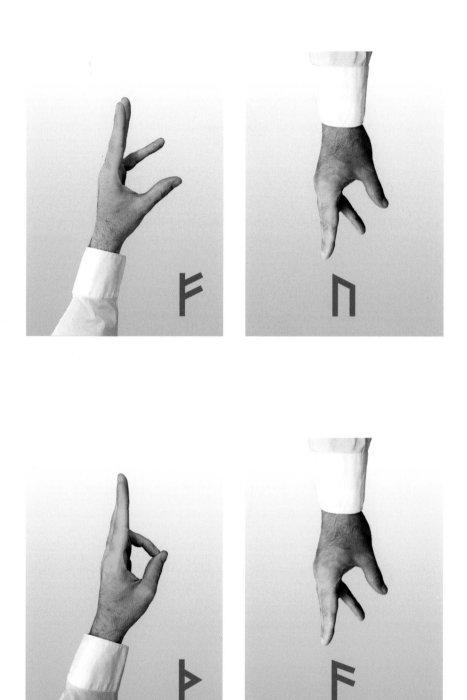

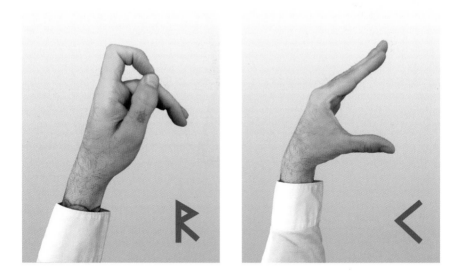

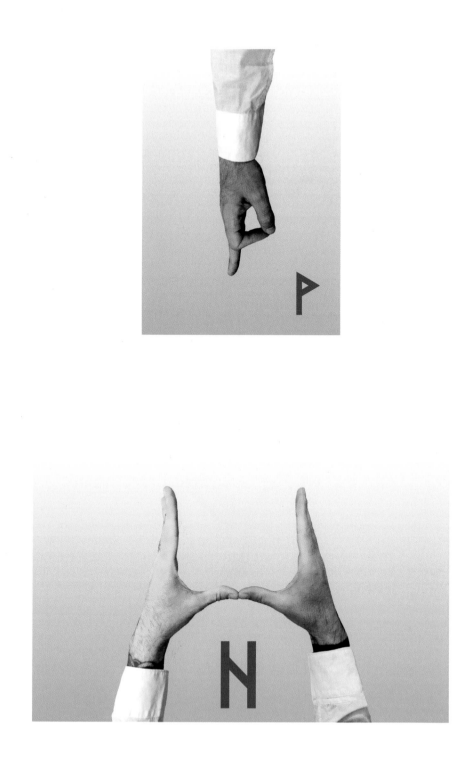

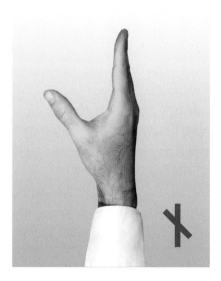 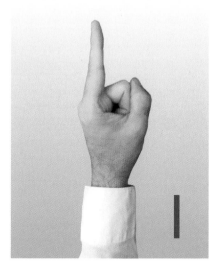

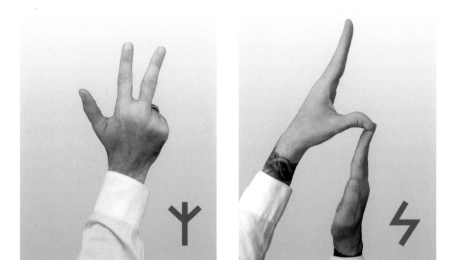

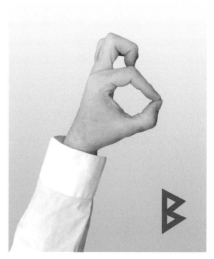

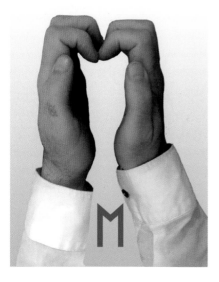

Staða de la cruz rúnica para equilibrar energías

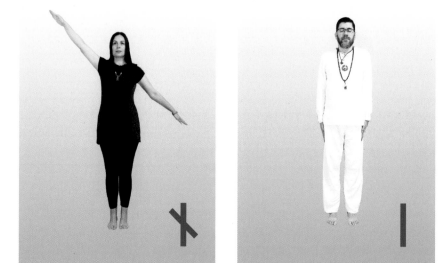

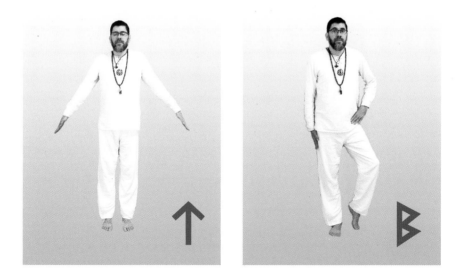

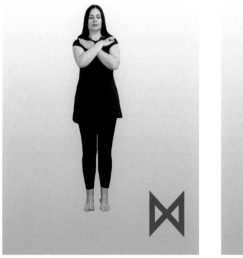

en el cuerpo, respiraremos por la nariz profundamente unas cuantas veces hasta sentir que estamos preparados para empezar.

Extenderemos los dos brazos hacia delante y los inclinaremos un poco hacia abajo, con el brazo izquierdo un poco más bajo que el derecho.

Visualizaremos la runa al hacer correcta y fluidamente la postura, y entonces cantaremos el *Galdr*. Lo haremos bien para que el sonido vibracional sea el correcto y haga su efecto.

SinnenGaldr y *Höndstaða*

Para la meditación con *Galdr*, haremos el *Höndstaða* (mudra rúnico) de la runa *Ansuz*, sentados en postura de meditación. Relajaremos el cuerpo y pondremos la espalda recta y los hombros hacia atrás, tendremos la mente en blanco y comenzaremos a respirar profundamente y muy concentrados.

Dirigiremos el brazo izquierdo hacia abajo, con los dedos apuntando hacia arriba, inclinando en paralelo los dedos pulgar y anular (o pulgar e índice, como alternativa) para hacer la forma de la runa *Ansuz*.

Debemos realizar de forma correcta las técnicas de respiración y de meditación (*Önd Breathwork*), ya que son de vital importancia para que hagamos el ejercicio con éxito. Para realizar la técnica, podemos ayudarnos de cualquier técnica de respiración y meditación con la que nos sintamos cómodos, teniendo en cuenta que debemos sintonizar los cánticos *Galdr* con la meditación.

Visualización de la runa y su color

Tras realizar la postura rúnica con el cuerpo (*Rune-Staða*) o con las manos (*Höndstaða*), cerraremos los ojos y visualizaremos la runa concentrados en todos los aspectos de la práctica. Haremos la respiración adecuada y una correcta visualización.

Entonces visualizaremos cómo la runa *Ansuz* desprende un resplandor de color azul oscuro. Veremos cómo ese resplandor nos rodea y penetra en nosotros. Crearemos un campo del color de la visualización de la corriente y la energía rúnica, con el que sintonizaremos y nos alinearemos. El hecho de visualizar el resplandor de la runa nos servirá para alinearnos y conectar con las energías rúnicas y nos ayudará a sentirlas. Una vez estemos conectando y sintiendo las energías rúnicas y cósmicas, podemos estar integrándolas y meditando el tiempo que creamos necesario.

Rune-Staða Energy Flow: Rune-Staða en movimiento

Para empezar, nos pondremos de pie relajados con las piernas a la anchura de las caderas, la espalda recta y la vista al frente. Estaremos con la mente en blanco, relajados y preparados para concentrarnos en la runa y sus energías.

Tendremos que compenetrar el movimiento, la respiración y *Galdr* en todo momento, haciendo movimientos lentos y fluidos. Los pies alineados con la anchura de las caderas. Pondremos los brazos en diagonal hacia abajo, el derecho ligeramente más alto que el izquierdo y con las palmas de las manos paralelas mirándose entre sí y sin tocarse. Poco a poco, haremos un movimiento corporal de cadera y de brazos hacia la izquierda, y al cambiar de sentido hacia la derecha, y de manera sutil iremos invirtiendo la altura de los brazos sin dejar de mantenerlos paralelos, como si cogiéramos una esfera energética. Después, acabaremos dirigiéndonos hacia el centro y bajaremos los brazos suave y lentamente con las palmas hacia dentro y sin tocar el cuerpo. Con sutileza liberaremos esas energías durante el proceso.

RAIÐō

ᚱ

Palabras clave

Carro, movimiento correcto, ley, viaje físico o espiritual, evolución interna, cambio, progreso, traslado, crecimiento, justicia,
destino propio, romper la inercia, ritmo, búsqueda visionaria.

Galdr de la runa *Raiðō*

RaiðōRaiðōRaiðō

rrrrrrrrr

rura ir re ro

rudhradhridhredhrodh

rrrrrrrrr

Color de visualización: Rojo brillante

Potencial energético y rúnico

Las energías de la runa *Raiðō* nos ayudan a alinear nuestro ritmo interno
con el cósmico. Nos conectan con energías de movimientos físicos y
espirituales, por lo que se trata de una runa vinculada a las danzas o a la
magia Seidr. Por ello nos fortalece en la magia rúnica y la magia Seidr y
podemos trabajar enfocados en las danzas rítmicas y rituales, donde percibimos o gestamos la unión de los ritmos personal y cósmico.

Nos permite integrar energías para gestar o proyectar movimientos,
pero también nos ayuda a comprender la ley universal de que todo está
en movimiento en todo el universo y el multiverso. Esto nos hace tra-

bajar las energías de movilidad en todos los ámbitos de nuestra vida, ya que lo estático acaba sucumbiendo. Trabajar con las energías de esta runa nos aporta respuestas y consejos, pues conecta lo personal con lo cósmico y lo interior.

También podemos trabajar y aumentar nuestros dones en la experiencia ritual y potenciar la ley cósmica para alinearnos con el ritmo del universo. Al gestar nuestra propia ley cósmica, también atraemos la energía de la justicia «justa» que debemos obtener por derecho. *Raiðō* está relacionada con *Thor* y es el viaje de la vida como camino espiritual y viaje iniciático que hacemos para ello. Nos ayuda a potenciar la ley divina, la espiral, el orden natural arquetípico y legitimo del multiverso.

Es una runa de movimiento con la que gestamos la causa/efecto, nos conectamos con la rueda de la vida y potenciamos el desarrollo espiritual y la evolución interna. Interiormente nos ayuda a canalizar las energías rúnicas que residen en las leyes naturales del universo.

Reflexión de la runa *Raiðō*

Raiðō es una runa de movimiento en todas sus facetas, física y espiritual; en consecuencia, es una runa evolutiva debido al movimiento que generan los cambios a otras vivencias, y también la convierte en una runa iniciática, ya que nuestra evolución aumenta a través del movimiento.

El orden natural de la espiral y su ley divina se manifiestan al bailar sintonizados con los días y las estaciones, nos permite conectar nuestro ritmo personal con el cósmico y nos ayuda a fortalecer nuestra experiencia ritual.

Con el movimiento y los cambios generamos nuestro camino evolutivo, que nos ayuda en la búsqueda interior y genera movimientos emocionales, que dan lugar a cambios internos y en todas las áreas. Se trata de una runa que nos puede ayudar a desencallar situaciones estancadas, tanto espirituales como emocionales o físicas. Nos prepara para nuevos desafíos y cambios necesarios. De hecho, *Raiðō* es la runa para sintonizar el ritmo y compás del cosmos para guiar nuestros movimientos energéticos.

Staða: postura corporal rúnica

Nos concentraremos relajados y nos pondremos de pie con la espalda recta y sin ninguna tensión en el cuerpo, y respiraremos por la nariz profundamente unas cuantas veces hasta sentir que estamos preparados para empezar.

Flexionaremos un poco el codo del brazo izquierdo y apoyaremos la palma de la mano izquierda en la cadera. Abriremos e inclinaremos la pierna izquierda hacia fuera, tocando el suelo con la punta del dedo, o incluso sin tocarlo.

Visualizaremos la runa al hacer la postura de manera correcta y fluida, y cantaremos el *Galdr*. Lo haremos bien para que el sonido vibracional sea el correcto y haga su efecto.

SinnenGaldr y *Höndstaða*

Para la meditación con *Galdr*, haremos los *Höndstaða* (mudras rúnicos) de la runa *Raiðō* sentados en postura de meditación. Relajaremos el cuerpo y pondremos la espalda recta y los hombros hacia atrás, tendremos la mente en blanco y comenzaremos a respirar profundamente y muy concentrados.

Dirigiremos el brazo izquierdo hacia arriba y pondremos los dedos índice y pulgar tocándose las puntas haciendo una forma circular acabada en punta. Los otros dedos de la mano, juntos, se inclinan hacia abajo haciendo la forma de la runa *Raiðō*.

Las técnicas de respiración y de meditación deben realizarse de la manera correcta (*Önd Breathwork*), ya que son de vital importancia para hacer el ejercicio con éxito. Podemos ayudarnos de cualquier técnica de respiración y meditación con la que nos sintamos cómodos para realizar la práctica, teniendo en cuenta que los cánticos *Galdr* deben sintonizarse con la meditación.

Visualización de la runa y su color

Cuando hayamos hecho la postura rúnica con el cuerpo (*Rune-Staða*) o con las manos (*Höndstaða*), cerraremos la vista y visualizaremos la runa concentrados en todos los aspectos de la práctica. Haremos la respiración adecuada y una correcta visualización.

Entonces visualizaremos cómo la runa *Raiðō* desprende un resplandor de color rojo brillante. Visualizaremos cómo este resplandor nos rodea y penetra en nuestra persona. Crearemos un campo del color de la visualización de la corriente y la energía rúnica, con el que sintonizaremos y nos alinearemos. El hecho de visualizar el resplandor de la runa nos servirá para alinearnos y conectar con las energías rúnicas y nos ayudará a sentirlas. Una vez estemos conectados y sintamos las energías rúnicas y cósmicas, podremos integrarlas y meditar el tiempo que creamos necesario.

Rune-Staða Energy Flow: Rune-Staða en movimiento

Para empezar, nos pondremos de pie relajados con las piernas a la anchura de las caderas, la espalda recta y la vista al frente. Estaremos con la mente en blanco, relajados y preparados para concentrarnos en la runa y sus energías.

Debemos tener compenetrados el movimiento, la respiración y el *Galdr* en todo momento, haciendo movimientos lentos y fluidos. Los pies deben estar alineados la anchura de las caderas. Haremos un movimiento coordinado hacia la izquierda, donde llevaremos muy lentamente la punta de los dedos a la parte alta de nuestra cabeza, flexionando el codo del brazo. Al mismo tiempo, estiraremos la pierna izquierda hacia el lado izquierdo y en diagonal hacia abajo, de manera que tracemos la runa *Raiðō*.

Poco a poco iremos soltando el brazo hacia afuera como si nos quitáramos un sombrero. Para ello, realizaremos un círculo con el brazo e iremos alzando el cuerpo y la pierna de un modo sutil y, poco a poco, hacia arriba, para volver a realizar el círculo con el brazo, hasta apoyar la pierna en el suelo. Podemos realizar esta operación varias veces. Enderezaremos el cuerpo hacia el centro hasta alcanzar la posición del inicio, moviendo las energías. Con sutileza, en el proceso liberaremos esas energías.

KĒNAZ/KAUNA

<

Palabras clave

Antorcha y fuego vital de la vida, fuego transformador y regenerador, aplicar nuestra luz interna. Creatividad, capacidad técnica, nuevas ideas, inspiración, luz espiritual, dar forma, control, revelación, esfuerzo, arte, nacimiento de un proyecto, entusiasmo, optimismo, positivismo.

Galdr de la runa *Kēnaz*

KēnazKēnaz, Kēnaz

ku ka kike ko

kunkan kin ken kon

ok ekikakuk

Kaunakaunkauna

Kēnaz, KēnazKēnaz

Color de visualización: Rojo claro, naranja, fuego.

Potencial energético y rúnico

La runa *Kēnaz/Kauna* nos conecta con el conocimiento creativo humano que reside en nosotros, así como con las energías rúnicas creativas. Atraemos energías de inspiración creativa y habilidades en todos los ámbitos. Potencia vínculos ancestrales de los que, en algunos casos, podemos heredar sus habilidades artísticas y creativas. Simbólicamente, representa la antorcha en la que reside el fuego controlado por el hombre, motivo por el cual nos aporta energías para controlar y dominar poderes más elevados, incluyendo la capacidad creativa y la habilidad.

Podemos utilizar el fuego controlado como regeneración y transformación; también para que nos ilumine el camino y nos aleje de las sombras del desconocimiento, la incapacidad y la ignorancia que podemos tener dentro o alrededor. *Kēnaz/Kauna* es la runa para potenciar la energía del fuego del sacrificio, la iluminación y la creación, así como para gestar alguna acción. Si trabajamos esto en nuestro interior, forjamos el fuego de Kēnaz, que controlamos hacia un fin o acción concreta al ser la energía creadora.

Trabajamos internamente los principios de la creatividad y gestamos nuevas ideas conectándonos con la voluntad y habilidades creativas y generadoras. En otras áreas de proyección energética, nos aporta energías de regeneración, estabilidad psíquica y mental, amor y pasión.

Reflexión de la runa *Kēnaz/Kauna*

La runa *Kēnaz/Kauna* contiene la iluminación espiritual interna, ya que es el fuego transformador, y la creatividad arde en nuestro interior. Es nuestro fuego interior y la antorcha en la que reside el fuego controlado; en consecuencia, es propicia para controlar nuestro interior para manifestarlo correctamente. Controlando el fuego, despertamos nuestra inspiración divina y, con ello, el principio de la creatividad se manifiesta a través de nosotros, aprendiendo a dominar los poderes más elevados.

Es una runa para explotar y materializar nuestra creatividad interior, integrar y manifestar el oficio y la artesanía y, a través de ella, recibimos la creatividad de nuestros antepasados, con los que también podemos conectar gracias a esta runa. El fuego interior puede ser liberado y, por ello, también libera la fuerza interior para seguir adelante en nuestras metas.

La antorcha que representa puede portar iluminación o claridad en nuestros propósitos, ya que la luz y la realización de las cosas se imponen a la oscuridad y la confusión. Es una runa de vitalidad, de inspiración creativa que nos ayuda a manifestar aquella creatividad que tenemos dentro en cualquier área.

Rune-Staða: postura corporal rúnica

Nos concentraremos relajados y nos pondremos de pie con la espalda recta y los pies a la anchura de las caderas, y sin ninguna tensión en el cuerpo, respiraremos por la nariz profundamente unas cuantas veces hasta sentir que estamos preparados para empezar.

Alzaremos el brazo derecho unos 45 grados, aproximadamente, con la palma de la mano mirando hacia abajo. El brazo izquierdo lo inclinaremos hacia abajo unos 45 grados, con la palma mirando hacia arriba.

Al hacer correctamente y fluida la postura visualizaremos la runa y cantaremos el *Galdr*. Lo haremos bien para que el sonido vibracional sea el correcto y haga su efecto.

SinnenGaldr y *Höndstaða*

Para la meditación con *Galdr*, haremos el *Höndstaða* (mudra rúnico) de la runa *Kēnaz/Kauna*, sentados en postura de meditación. Relajáremos el cuerpo y pondremos la espalda recta y los hombros hacia atrás, tendremos la mente en blanco y comenzaremos a respirar profundamente muy concentrados.

Levantaremos el brazo izquierdo y pondremos los cuatro dedos juntos hacia arriba y el dedo pulgar hacia abajo, haciendo la forma de la runa *Kēnaz/Kauna*.

Las técnicas de respiración y de meditación deben realizarse bien (*Önd Breathwork*), ya que son de vital importancia para que el ejercicio tenga éxito. Podemos ayudarnos de cualquier técnica de respiración y meditación con la que nos sintamos cómodos para realizar la práctica, teniendo en cuenta que los cánticos *Galdr* deben estar sintonizados con la meditación.

Visualización de la runa y su color

Cuando hayamos hecho la postura rúnica con el cuerpo (*Rune-Staða*) o con las manos (*Höndstaða*), cerraremos los ojos y visualizaremos la runa concentrados en todos los aspectos de la práctica. Haremos la respiración adecuada y una correcta visualización.

Entonces visualizaremos que de la runa *Kēnaz/Kauna* sale un resplandor de color rojo claro, naranja, fuego. Este resplandor de color que desprende la runa debemos visualizarlo de manera que nos rodee y penetre en nosotros. Crearemos un campo del color de la visualización de la corriente y la energía rúnica, con el que sintonizaremos y nos alinearemos. El hecho de visualizar el resplandor de la runa nos servirá para alinearnos y conectar con las energías rúnicas y nos ayudará a sentirlas. Una vez estemos conectando y sintiendo las energías rúnicas y cósmicas, podemos estar integrándolas y meditando el tiempo que creamos necesario.

Rune-Staða Energy Flow: Rune-Staða en movimiento

Para empezar, nos pondremos de pie relajados con las piernas a la anchura de las caderas, la espalda recta y la vista al frente. Estaremos con la mente en blanco, relajados y preparados para concentrarnos en la runa y sus energías.

Tendremos que tener compenetrados el movimiento, la respiración y el *Galdr* en todo momento, haciendo movimientos lentos y fluidos. Los pies deben estar alineados la anchura de las caderas. Nos desplazaremos lenta y sutilmente hacia la derecha, mientras al mismo tiempo elevamos el brazo derecho en diagonal hacia arriba y el brazo izquierdo mirando en diagonal hacia abajo, dibujando así la runa *Kēnaz/Kauna*. Las palmas deben estar hacia dentro para coger la energía como si fuera una gran esfera. Iremos cambiando de lado, con un suave movimiento corporal y de caderas al mismo tiempo que invertimos los brazos, subiendo el brazo izquierdo y bajando el derecho, los dos en diagonal y con las palmas hacia dentro. Luego, iremos centrando poco a poco el cuerpo, alineando los brazos abiertos en una posición media y bajándolos lentamente hacia nuestro aparato reproductor sin tocarlo. Al generar el control de las energías con sutileza, las liberaremos en el proceso.

GEBŌ

X

Palabras clave

Regalo, dar/recibir, generosidad, sociedades, amor, sacrificio, intercambio, uniones, hospitalidad, honor, vínculos, alianzas, oportunidad, amistad, unión por el *Wyrd* (destino).

Galdr de la runa *Gebō*

GebōGebōGebō

gugagige go

gub gab gib geb gob

ogegig ag ug

ggaaaaaffffffffff

Color de visualización: Azul oscuro

Potencial energético y rúnico

Las energías de la runa *Gebō* potencian la fuerza y los poderes mágicos, lo que aumenta nuestra influencia mágica en lo divino o en el mundo físico. Nos aporta la adquisición de sabiduría, nos conecta con el amor fraternal y también potencia nuestra unión mística.

Su simbolismo del regalo es la generosidad interior que generamos con esta runa, que contiene la ley y el don de dar como puerta a recibir, como un intercambio energético. Se trata de un intercambio «de regalos» que nos une a las personas y a los dioses, que representa el vínculo con los dioses al hacerles ofrendas o libaciones, que éstos, a su vez, deben devolver con ese principio de correspondencia y ley energéticos. Potencia el afecto mutuo desde el amor y también la unión, el matrimonio. Nos invita a generar acciones de hospitalidad y generosidad. Podemos conectar con energías de unión y de sellar alianzas, o potenciar la amistad y la lealtad. También es una runa que aumenta el poder mágico para armonizar polos opuestos; en este caso, más en concreto a relaciones de amistad o amorosas, y fomenta, en ese sentido, las energías complementarias. Es la runa para trabajar energéticamente la magia sexual y el amor fraternal desde la verdadera unión.

Por este motivo, *Gebō* nos conecta con la generosidad, el sacrificio, las uniones, el amor, el hecho de dar y recibir… Es el dador, el regalo y el intercambio. Ésta es la runa que contiene la fuerza mágica notable e inconsciente, que está presente en el vacío (Ginnungagap), cargado de magia antes de la creación de los mundos. Es el misterio sagrado de muchos en uno. También se trata de una runa para adquirir sabiduría y amor fraternal, que contiene una gran fuerza mágica. Encarna la presencia mágica e inconsciente antes de la formación de los mundos.

Reflexión de la runa *Gebō*

Gebō es una runa que genera armonía al representar el amor. Es el regalo y nos abre a dar, que es el primer paso para poder recibir («da y serás recompensado»). En ella vemos el intercambio con los dioses que llevamos a cabo en la acción ritual y la libación; por ello, los dones de los dioses satisfacen nuestras necesidades como un regalo mutuo en el intercambio de dar y recibir.

Nos podemos dejar guiar por *Gebō*, ya que nos ayuda a evolucionar a través del amor y el intercambio mutuo. Gracias a esta runa, podemos hacer crecer nuestra armonía y nos permite aumentar nuestros poderes mágicos, que influyen en el mundo físico y divino. A través de la runa *Gebō*, podemos agradecer para gestar el intercambio y la sinergia con el universo y los poderes sagrados.

Staða: postura corporal rúnica

Nos concentraremos relajados y nos pondremos de pie con la espalda recta y sin ninguna tensión en el cuerpo, y respiraremos por la nariz profundamente unas cuantas veces hasta sentir que estamos preparados para empezar.

Colocaremos las piernas abiertas, fijando bien los pies en el suelo para tener fluidez y comodidad y no agarrotarnos. Abriremos los brazos hacia el cielo con las palmas hacia arriba formando la «X» de la runa *Gebō*.

Al hacer correctamente y de manera fluida la postura, visualizaremos la runa y cantaremos el *Galdr*. Lo haremos bien para que el sonido vibracional sea el correcto y haga su efecto.

SinnenGaldr y *Höndstaða*

Para la meditación con *Galdr*, haremos el *Höndstaða* (mudra rúnico) de la runa *Gebō*, sentados en postura de meditación. Relajaremos el cuerpo y pondremos la espalda recta y los hombros hacia atrás; tendremos la mente en blanco y comenzaremos a respirar profundamente muy concentrados.

Una vez relajados, pondremos las manos hacia el corazón flexionando los brazos. Cruzaremos los dedos de las dos manos entre sí, entrelazándolos, formando la «X» de la runa *Gebō*.

Debemos hacer de manera correcta las técnicas de respiración y de meditación (*Önd Breathwork*), ya que son de vital importancia para realizar el ejercicio con éxito. Podemos ayudarnos de cualquier técnica de respiración y meditación con la que nos sintamos cómodos para realizar la práctica, teniendo en cuenta que los cánticos *Galdr* deben estar sintonizados con la meditación.

Visualización de la runa y su color

Cuando hayamos hecho la postura rúnica con el cuerpo (*Rune-Staða*) o con las manos (*Höndstaða*), cerraremos los ojos y visualizaremos la runa concentrados en todos los aspectos de la práctica. Haremos la respiración adecuada y realizaremos la visualización de un modo correcto.

Entonces visualizaremos que de la runa *Gebō* emana un resplandor de color azul oscuro. Éste nos rodeará y penetrará en nuestro interior. Y crearemos un campo de visualización de la corriente y energía rúnica en su color, con la que sintonizaremos y nos alinearemos. El hecho de visualizar el resplandor de la runa nos servirá para alinearnos y conectar con las energías rúnicas y nos ayudará a sentirlas. Una vez conectemos y sintamos las energías rúnicas y cósmicas, podemos integrarlas y meditar el tiempo que creamos necesario.

Rune-Staða Energy Flow: Rune-Staða en movimiento

Para empezar, nos pondremos de pie relajados con las piernas a la anchura de las caderas, la espalda recta y la vista al frente. Estaremos con la mente en blanco, relajados y preparados para concentrarnos en la runa y sus energías.

Tendremos que compenetrar el movimiento, la respiración y el *Galdr* en todo momento, haciendo movimientos lentos y fluidos, con los pies más abiertos que la anchura de las caderas. A continuación, elevaremos y abriremos los brazos lentamente e inclinaremos un poco la cabeza hacia arriba. Una vez logremos la posición corporal de la runa *Gebō*, tendremos que inclinar y agachar un poco el cuerpo, flexionando ligeramente las rodillas, mientras, a la vez, comenzaremos a bajar los brazos de un modo sutil y lento hacia el centro moviendo las energías hacia nosotros. Los brazos desplazan la energía poco a poco y de una forma sutilmente creando esferas circulares una y otra vez, y durante ese proceso, liberaremos esas energías.

WUNJŌ

ᚹ

Palabras clave

Alegría, armonía, hermandad, felicidad, plenitud, brillantez, recompensa, prosperidad, compañerismo, satisfacción de lograr algo, bondad y recompensa espiritual.

- - - - - - - - - - - - - -

Galdr de la runa *Wunjō*

WunjōWunjōWunjō

wuwawi we wo

wun wan win wen won

wo we wiwawu

wwwuuuuuuuunnnnn

Color de visualización: Amarillo

Potencial energético y rúnico

La runa *Wunjō* nos permite conectar con las sinergias y energías del misterio de la armonía entre distintas fuerzas. Nos ayuda a entender y generar el compañerismo, así como a reflexionar internamente para tener y materializar una vida más armónica, con gran bienestar y para conectar con nuestra felicidad. Cuando la felicidad interna se encuentra en un proceso de comprensión, autoestima, sanación y vibración, todo lo que se halla a nuestro alrededor se armoniza al cumplir la premisa de la ley hermética, «lo que es adentro es afuera». Por ello, potenciamos energías de armonía que fortalecen los lazos de todo tipo, aunque, sobre todo, los sociales, los familiares y los del clan.

Las energías y fuerzas rúnicas de esta runa son de gran proyección para trabajar esa armonía desde el corazón, lo que genera una abertura física y mental. Estas energías son la armonía que se gesta desde la raíz de la unión y la atracción por la familia, por el clan, o por el folclore. Nos genera internamente grandes energías, buena voluntad, compañerismo y cooperación. Si se trabajan internamente *Wunjō* y sus energías, proyectándolas en nuestra vida, alejan y reducen las energías relacionadas con la tristeza, el pesimismo y el egoísmo. Al estar en armonía con la vida, todo nos va mejor, y esto propicia la participación, el compañerismo y el bienestar. Nos ayuda a equilibrar y potenciar la plenitud personal y la perfección, al mismo tiempo que aporta confianza en nosotros mismos y sanación emocional en caso de que pasemos por una mala racha.

Generamos las energías en las que reside la buena voluntad interna, procedente de distintas fuentes y de fuerzas vinculadas entre sí. Por ello es una poderosa runa para la magia rúnica y para tener una vida equilibrada con pensamientos positivos. También nos ayuda a leer en nuestro interior aquellas cosas que nos generan ese bienestar y armonía, lo que logramos a través de las proyecciones con las prácticas *StaðaGaldr*, en cuyo caso resulta muy útil para unir varias runas y sus energías en una única corriente energética de runas.

Reflexión de la runa *Wunjō*

La runa *Wunjō* nos premia con la recompensa espiritual que recibimos al sentir plenitud y al aprender a equilibrar y armonizar todo lo que nos rodea cuando alcanzamos un alto grado de madurez. Por ello, potencia nuestra comunicación con los demás, conectándonos con las personas que tienen un alto grado de armonía; también nos proyecta para ser la referencia de muchas personas e influir en aquellos que ya despiertan desde su yo interior hacia niveles de evolución que se alcanzan desde la sensación de plenitud y amor.

Wunjō nos aporta la sabiduría, el bienestar y la armonía que podemos proyectar a nuestra familia, amigos, grupos y trabajo, ya que estamos alineados con la comprensión interna, la cordialidad y la felicidad que ello conlleva. Podemos ver que en ella reside el amor que es correspondido a nivel interno, aquel que sentimos desde nuestra vibración de armonía, equilibrio y paz, que nos despierta bienestar en todas sus áreas. Asimismo, fortalece el compañerismo y los lazos familiares y clánicos; la felicidad y el compañerismo son parte de nosotros y de nuestros parientes. Por ello, impulsan la cercanía a los dioses y los regalos de la vida, que atraemos al sentirnos correspondidos y felices. Este estado interno genera una frecuencia en nuestra persona que atrae bienes o cosas que necesitamos, y al mismo tiempo nos aporta personas o trabajos que están alineados con nuestra evolución y que recibimos como regalos al estar abiertos a dar y recibir sin condiciones.

Rune-Staða: postura corporal rúnica

Nos concentraremos relajados y nos pondremos de pie con la espalda recta y sin ninguna tensión en el cuerpo. Respiraremos por la nariz profundamente unas cuantas veces hasta sentir que estamos preparados para empezar.

Pondremos los pies a la anchura de las caderas. Formaremos la runa *Wunjō* levantando el brazo izquierdo y flexionando el codo, con las puntas de los dedos aproximándose sobre la coronilla.

Visualizaremos la runa al practicar la postura de la manera correcta y con fluidez, y cantaremos el *Galdr*. Debemos hacerlo bien para que el sonido vibracional sea el correcto y haga su efecto.

SinnenGaldr y *Höndstaða*

Para la meditación con *Galdr*, haremos el *Höndstaða* (mudra rúnico) de la runa *Wunjō* sentados en postura de meditación. Relajaremos el cuerpo y pondremos la espalda recta y los hombros hacia atrás. Tendremos la mente en blanco y comenzaremos a respirar profundamente muy concentrados.

Pondremos el brazo izquierdo hacia abajo y juntaremos el dedo pulgar con el índice en forma de punta con los otros tres dedos juntos. Crearemos la forma de la runa *Wunjō*.

Debemos practicar de una forma correcta tanto las técnicas de respiración como las de meditación (*Önd Breathwork*), ya que son de vital importancia para que realizar el ejercicio con éxito. Para la ejecución de la práctica, podemos ayudarnos de cualquier técnica de respiración y meditación con la que nos sintamos cómodos, teniendo en cuenta que los cánticos *Galdr* deben estar sintonizados con la meditación.

Visualización de la runa y su color

Tras realizar la postura rúnica con el cuerpo (*Rune-Staða*) o con las manos (*Höndstaða*), cerraremos los ojos y visualizaremos la runa concentrados en todos los aspectos de la práctica. Haremos la respiración adecuada y una correcta visualización.

Entonces visualizaremos que de la runa *Wunjō* emana un resplandor de color amarillo. Visualizaremos cómo este resplandor nos rodea y penetra en nuestro interior. Crearemos un campo del color de la visualización de la corriente y la energía rúnica, con el que sintonizaremos y nos alinearemos. El hecho de visualizar el resplandor de la runa nos permitirá alinearnos y conectar con las energías rúnicas y nos ayudará a sentirlas. Una vez conectemos y sintamos las energías rúnicas y cósmicas, podemos integrarlas y meditar el tiempo que creamos oportuno.

Rune-Staða Energy Flow: Rune-Staða **en movimiento**

Para empezar, nos pondremos de pie relajados con las piernas a la anchura de las caderas, la espalda recta y la vista al frente. Estaremos con la mente en blanco, relajados y preparados para concentrarnos en la runa y sus energías.

El movimiento, la respiración y el *Galdr* deben estar compenetrados en todo momento, haciendo movimientos lentos y fluidos. Los pies tienen que estar alineados a la anchura de las caderas. Comenzaremos subiendo los brazos delante de nuestra cara, hacia la parte superior de la cabeza, sin tocar el cuerpo y con las palmas hacia dentro. Lo haremos levantando ligeramente la cabeza y poniendo el cuerpo hacia atrás de manera sutil. Los codos estarán flexionados y los abriremos hacia los lados, haciendo una apertura de pecho y de corazón para alinearnos con las energías de la runa *Wunjō*. A continuación, iremos abriendo los codos hasta estirarlos y obtener una forma de cruz con las palmas hacia arriba. Poco a poco haremos el movimiento a la inversa, doblando brazos de nuevo, y dirigiremos los codos hacia delante, enfrente de la cara y las palmas sin alejarse de encima de la cabeza pero sin tocarla. Para acabar, iremos bajando los brazos muy lentamente y de forma sutil, con las palmas mirando hacia dentro para que descienda la energía. Con sutileza, mientras tanto, liberaremos esas energías.

HAGALAZ

ᚺ

Palabras clave

Granizo, fuerzas incontroladas, impacto, armonía interior, fuerzas cósmicas creativas, cambio total de rumbo, semilla del devenir, sufrimiento/transformación, crisis controlada, león, operaciones evolutivas, equilibrio, conocimiento místico, cambio de ideales o creencias, principios cristalinos.

Galdr de la runa *Hagalaz*

hagalazhagalazhagalaz

h hhhhhhhhh

hu ha hi he ho

hug hag higheg hog

h hhhhhhhhh

Color de visualización: Azul claro

Potencial energético y rúnico

La runa *Hagalaz* nos conecta con la energía potencial del poder neutro que reside en el multiverso; en consecuencia, genera la eterna armonía cósmica. Estas energías son de comprensión e integración compleja, pero cuando vamos integrándolas nos ayudan a potenciar operaciones evolutivas, equilibrio interno, experiencia y conocimiento místico. También contiene energías de protección y creación, aunque a veces genere rupturas o cambios bruscos, como se hace patente en el simbolismo del granizo que representa. Observamos que «rompe las cosechas» de manera brusca, pero las semillas de los frutos rotos vuelven a la tierra gestando una nueva cosecha. Por lo tanto, es una runa que implica cambios positivos a pesar de que en un primer momento puedan ser bruscos. Las rupturas con nuestro presente que genera *Hagalaz* son necesarias para nuestra evolución y para generar ciclos y expectativas nuevos, así como una mayor evolución en nuestra persona. Nos ayuda a armonizar todo ese proceso desde la comprensión para soltar lo que no está alineado con nosotros y cerrar etapas que ya no son válidas en nuestro camino evolutivo. Potencia la energía de generación dinámica, que se hace patente en la unidad de la energía en evolución (fuego) y la antimateria (hielo).

Nos insta a encontrar y generar lo completo, que da lugar al nacimiento de un poder mayor. Por ello es una runa evolutiva de cambios positivos, aunque sean dolorosos al inicio (esto nos ayudará a comprenderlos y a que pasen). Contiene las energías del fuego y el hielo en los elementos primordiales para la creación. *Hagalaz* es una runa que genera energías de esperanza, sobre todo en los momentos de cambio de ciclo, y nos da fuerzas para ello. Contiene todas las fuerzas fuera de nuestro control, como las del inconsciente en el mundo físico y, asimismo, otras incontroladas que nos obligan a gestar cambios, pero aun así las enfoca al proceso de evolución. La piedra del granizo que representa es la «semilla» energética que podemos gestar en cambios profundos, incluidos los de fractura elemental, alineándonos con el modelo cósmico. Podemos atraer energías del poder mágico cristalizado de creación si la trabajamos a fondo en varias etapas: integrar, comprender, soltar, cambiar y crear.

Reflexión de la runa *Hagalaz*

La runa *Hagalaz* posee una gran importancia para nuestra evolución interna, ya que nos induce a tomar senderos de transformación necesaria para elevar nuestra consciencia. Todo viaje de cimas altas entraña dificultades, adversidades y momentos difíciles, pero sabemos que tenemos la cima como recompensa, que nos confirmará los logros internos y superación para llegar a ella.

Para que el camino iniciático se materialice, *Hagalaz* nos impulsa a destruir lo establecido, y lo hace porque para construir un «nuevo yo», debemos destruir el viejo yo, y eso a veces no es agradable, pero sí necesario, sobre todo después de saber que la finalidad es positiva. Potencia el abandono de viejos patrones que hemos de destruir para crear aquellos que nos impulsarán hacia nuevas etapas y caminos. Nos ayuda a soltar vínculos afectivos que deben dejar paso a otros nuevos, y también sistemas de creencias, comportamientos y hábitos que ya no estarán alineados con nosotros en la creación de la nueva etapa que estamos forjando.

El granizo desintegra aquello que hay en el presente, y a través de las semillas creadoras, potencia las fuerzas cósmicas creativas y el poder mágico cristalizado que residen en nosotros, dando lugar, como arquitectos, a un poder mayor con el que evolucionamos y nos transformamos. Como el hielo de cristal, nos sentimos a salvo y protegidos.

Staða: postura corporal rúnica

Nos concentraremos relajados y nos pondremos de pie con la espalda recta y sin ninguna tensión en el cuerpo. Respiraremos por la nariz profundamente unas cuantas veces hasta sentir que estamos preparados para empezar.

Esta postura requiere varios movimientos. Comenzaremos poniendo las piernas a la anchura de las caderas, levantaremos los brazos con la punta de los dedos tocándose. Cantaremos el *Galdr* y abriremos los brazos en posición diagonal como en la runa *Ehlaz/Algiz*, con las palmas también hacia arriba. Cantaremos el *Galdr* y abriremos los brazos en forma de cruz con las palmas de las manos hacia arriba, lo que nos permitirá equilibrar nuestras energías. Cantaremos el *Galdr* y tendremos los brazos abiertos e inclinados hacia abajo como en la postura de la runa *Tïwaz*, con las palmas también hacia abajo, y acabaremos cantando el *Galdr* con los brazos rectos hacia abajo y con las palmas hacia dentro, tocando la zona exterior de la cadera y la pierna.

SinnenGaldr y *Höndstaða*

Para la meditación con *Galdr*, haremos el *Höndstaða* (mudra rúnico) de la runa *Hagalaz*, sentados en postura de meditación. Relajaremos el cuerpo y, con la espalda recta y los hombros hacia atrás, tendremos la mente en blanco y comenzaremos a respirar profundamente muy concentrados.

Alzaremos los dos brazos hasta situarlos delante del pecho. Pondremos las palmas de las manos en paralelo y uniremos por la punta los dos dedos pulgares. Formaremos una «H», la runa *Hagalaz*.

Debemos practicar de manera correcta las técnicas de respiración y meditación (*Önd Breathwork*), ya que son de vital importancia para el éxito del ejercicio. Para realizar la práctica, podemos ayudarnos de cualquier técnica de respiración y meditación con la que nos sintamos cómodos, teniendo en cuenta que los cánticos *Galdr* deben estar sintonizados con la meditación.

Visualización de la runa y su color

Cuando hayamos hecho la postura rúnica con el cuerpo (*Rune-Staða*) o con las manos (*Höndstaða*), cerraremos los ojos y visualizaremos la runa concentrados en todos los aspectos de la práctica. Practicaremos la respiración adecuada y una correcta visualización.

Entonces visualizaremos que de la runa *Hagalaz* emana un resplandor de color azul claro. Visualizaremos cómo este resplandor nos rodea y penetra en nuestro interior. Con ello estaremos creando un campo de visualización de la corriente y energía rúnica de su color, con el que sintonizaremos y nos alinearemos. El hecho de visualizar el resplandor de la runa nos permitirá alinearnos y conectar con las energías rúnicas, y nos ayudará a sentirlas. Una vez conectemos y sintamos las energías rúnicas y cósmicas, podremos integrarlas y meditar el tiempo que creamos necesario.

Rune-Staða Energy Flow: Rune-Staða en movimiento

Para empezar, nos pondremos de pie relajados con las piernas a la anchura de las caderas, la espalda recta y la vista al frente. Tendremos la mente en blanco, y estaremos relajados y preparados para concentrarnos en la runa y sus energías.

Es necesario tener compenetrados el movimiento, la respiración y el *Galdr* en todo momento, practicando movimientos lentos y fluidos. Los pies tienen que estar alineados con la anchura de las caderas. Levantaremos ligeramente los brazos frente al pecho, con las palmas hacia dentro en forma de «X». Poco a poco, haremos rodar los brazos al mismo tiempo que los dirigimos arriba hacia, hasta conseguir la forma de «X» con las palmas hacia fuera, a la altura de nuestra frente. Seguiremos subiéndolos hacia arriba, hasta liberar los brazos, abriéndolos sutil y lentamente con las palmas hacia fuera y bajándolos en forma de círculo, hasta situarlos frente a nuestro aparato reproductor, con las palmas hacia dentro y sin tocarlo. Con sutileza, liberaremos esas energías en el proceso.

NAUÞIZ

ᚾ

Palabras clave

Necesidad, dificultad, adversidad para la autosuperación. Resistencia que lleva a la fuerza y a la autosuperación. Fuego interno necesario para transformarnos. Adversidad o necesidad de fuego creador. Advertencia, paralizar nuevos caminos, ejercitar la paciencia, innovarse interiormente. Necesidad de superación, afrontar el *Ørlög* (ley suprema).

Galdr de la runa *Nauþiz*

NauþizNauþizNauþiz

nnnnnnnnnn

un na ni en no

nudhnadhnidhnedhnoodh

nnnnnnnnnn

Color de visualización: Negro

Potencial energético y rúnico

La runa *Nauþiz* representa las energías cósmicas que constituyen los diferentes «destinos» humanos. Desarrolla poderes espirituales y la voluntad mágica, y nos ayuda a superar el *Ørlög* negativo. Es una runa para superar patrones y pruebas que se repiten en nuestra vida y sanar cuestiones de *Ørlög* o las vías estructurales supremas que genera el cosmos, algo parecido a lo que conocemos como cuestiones «kármicas» del sánscrito. Nos invita a mirar en nuestro interior para encontrar esas cuestiones que hay que superar y sanar, y, para ello, atraemos las energías necesarias.

Esta runa potencia nuestra voluntad energética contra los obstáculos, adversidades y dificultades. Nos hace tener una resistencia emocional y energética fuerte. Nos ayuda a integrar fuerzas rúnicas de resistencia interior y perseverancia. Podemos meditar para encontrar el camino de la paciencia ante la adversidad, para que aprendamos a trabajar con el destino a través de la experiencia en vez de luchar contra él. Por ello, integramos energías de autosuperación y sanación.

Naupiz es la runa de la necesidad para dar un paso evolutivo de superación, y nos aporta la energía, la fuerza individual y la voluntad precisas para llevar a cabo ese objetivo. Conectamos con energías de los poderes que forjan y crean los «destinos» para trabajar al unísono con ellos. Potenciamos el poder heroico interno, que contrarresta las fuerzas negativas del destino y las leyes primarias (*Ørlög*). Generamos energías de resistencia propia para sobrevivir con la autosanación.

Reflexión de la runa *Naupiz*

La runa *Naupiz* es, sin duda, muy evolutiva, ya que contiene la energía que reside en nuestro interior y que aporta al alma la voluntad de superación. Nos impulsa y ayuda a superar la ley primaria del *Ørlög* (ley suprema o vías estructurales que genera el cosmos, parecida al concepto del karma, aunque con algunas diferencias) y nos permite desarrollar nuestra autosuperación. Es la runa que nos invita a actuar y a superarnos, y con ello siempre ganamos, ya que ponerse a prueba y superarse es parte de nuestra evolución. Al hacerlo, aumentamos nuestros poderes espirituales y nuestra voluntad mágica.

Nos induce a evaluar con detenimiento nuestra voluntad de superación, reflexionando sobre la repetición de patrones en nuestra vida, que se presentan de nuevo al no haberlos afrontado o superado. Es la runa de la necesidad de ponernos a prueba para lograr fortalecer la voluntad espiritual. Si lo hacemos, renaceremos desde un lugar mas elevado. La necesidad o adversidad de *Naupiz* nos hace prestar atención a aquello que es prioritario para nuestra evolución. Puede parecer que se conjura en nuestra contra, sobre todo si se presenta de manera repetida con los mismos patrones, pero nos da la oportunidad de superarlos y dejarlos atrás, ya que, de lo contrario, volverían de nuevo hasta que los resolviéramos o superáramos. Esto nos ayuda y nos enseña a aprovechar nuestros recursos internos mentales y espirituales, ya que al desarrollarlos nos aportan un crecimiento personal evolutivo.

Rune-Staða: postura corporal rúnica

Nos concentraremos relajados y nos pondremos de pie con la espalda recta y sin ninguna tensión en el cuerpo. A continuación, respiraremos por la nariz profundamente unas cuantas veces hasta sentir que estamos preparados para empezar.

Las piernas deben estar alineadas con las caderas. Levantaremos el brazo derecho de forma inclinada y con la palma hacia abajo. Inclinaremos el brazo izquierdo con la palma hacia abajo, haciendo una diagonal con los brazos con la forma de la runa *Naupiz*.

SinnenGaldr y *Höndstaða*

Para la meditación con *Galdr*, haremos el *Höndstaða* (mudra rúnico) de la runa *Nauþiz*, sentados en postura de meditación. Relajaremos el cuerpo, con la espalda recta y los hombros hacia atrás, tendremos la mente en blanco y comenzaremos a respirar profundamente y muy concentrados.

Pondremos los dos brazos levantados delante del pecho. El brazo derecho estará mirando hacia arriba. Todos los dedos estarán juntos mirando hacia arriba, menos el dedo pulgar, que estará abierto hacia la izquierda unos 45 grados, formando la forma de la runa *Nauþiz*.

Debemos practicar de manera correcta las técnicas de respiración y de meditación (*Önd Breathwork*), ya que son de vital importancia para el éxito del ejercicio. Para realizar la práctica, podemos ayudarnos de cualquier técnica de respiración y meditación con la que nos sintamos cómodos, teniendo en cuenta que los cánticos *Galdr* deben estar sintonizados con la meditación.

Visualización de la runa y su color

Tras realizar la postura rúnica con el cuerpo (*Rune-Staða*) o con las manos (*Höndstaða*), cerraremos los ojos y visualizaremos la runa concentrados en todos los aspectos de la práctica. Haremos la respiración adecuada y llevaremos a cabo una correcta visualización.

Entonces visualizaremos que de la runa *Naupiz* emana un resplandor de color negro que nos rodea y penetra en nuestra persona. Con ello crearemos un campo de visualización de la corriente y energía rúnica de su color, con el que sintonizaremos y nos alinearemos. El hecho de visualizar el resplandor de la runa nos permitirá alinearnos y conectar con las energías rúnicas, y nos ayudará a sentirlas. Una vez conectemos y sintamos las energías rúnicas y cósmicas, podremos integrarlas y meditar el tiempo que creamos necesario.

Rune-Staða Energy Flow: Rune-Staða en movimiento

Para empezar, nos pondremos de pie relajados con las piernas a la anchura de las caderas, con la espalda recta y la vista al frente. Tendremos la mente en blanco, y estaremos relajados y preparados para concentrarnos en la runa y sus energías.

El movimiento, la respiración y el *Galdr* deben estar compenetrados en todo momento, haciendo movimientos lentos y fluidos. Los pies tienen que estar alineados la anchura de las caderas. Colocaremos las palmas de las manos delante de nuestro aparato reproductor mirando hacia arriba, con los brazos en forma circular y las puntas de los dedos tocándose ligeramente. El brazo derecho se tiene que abrir circularmente, subiéndolo hasta la posición derecha en diagonal, con la palma hacia abajo. En ese proceso, mientras estamos haciendo la forma de la runa *Naupiz*, iremos haciendo olas con las manos para calmar las energías. Los dos brazos acabarán el proceso juntándose muy poco a poco delante de nuestro aparato reproductor sin tocarlo. Liberaremos esas energías con sutileza.

ĪSA/ĪSAZ

I

Palabras clave

Hielo, quietud/estancamiento, ego, autoconcentración, «el yo», poder interno, consciencia, paralización interna necesaria, conectar con el yo interno, desafío, frustración, quietud interior, aceptación, enfriamiento en temas afectivos y emocionales, mirar hacia dentro.

Galdr de la runa *Īsa/Īsaz*

īsazīsazīsaz

iiiiiiiii

iiiiissssss

sssssiiiii

iiiiiiiiiissssssaaaaa

Color de visualización: Negro azulado o azul claro

Potencial energético y rúnico

La runa *Īsa/Īsaz* simboliza el hielo, pero más bien desde la antimateria. Trabajar nuestro interior con esta runa nos aporta grandes beneficios internos, ya que nos permite paralizarnos internamente para gestar nuestro poder de control. Sus energías en meditación rúnica nos aportan la gran cualidad de paralizarnos internamente cuando la situación lo requiere o cuando necesitamos congelar durante cierto tiempo nuestras acciones para tomarnos un descanso o para conectar con nuestro yo interior.

En muchos momentos de nuestra vida, que suele ser acelerada, tendremos que adentrarnos y trabajar nuestro yo interior y nuestro ego. Con la runa *Ísa/Ísaz*, encontramos esas energías de inacción necesarias para trabajar en ese sentido. Podemos integrar el desarrollo de nuestra voluntad y la base de la integración del ego dentro de un sistema multiversal equilibrado. Integramos los patrones del ego individual para conocernos a nosotros mismos.

Trabajar las distintas prácticas del *Rune Önd* con la runa *Ísa/Ísaz* nos ayuda a fortalecer el poder de control interno, que se materializa también fuera y nos permite conocernos a nosotros mismos.

El control interno que gestamos con la runa *Ísa/Ísaz* enfría los ataques mágicos y las confrontaciones, aportando calma a estos ámbitos, así como en todo lo que nos rodea.

Reflexión de la runa *Ísa/Ísaz*

La runa *Ísa/Ísaz* nos habla de paralización. Cuando queremos trabajarla a nivel energético, evolutivo o interno, nos remite a la tranquilidad necesaria en nuestra vida para mirar hacia dentro y trabajar el ego y el yo interior, algo necesario, ya que a veces se precisa esa pausa para trabajar el poder de control interno y la aceptación que nos aporta la calma interior. Esta quietud interna nos permite calmar nuestro interior y, por tanto, equilibramos todo lo que nos rodea, con lo que sale a escena la conocida ley hermética de «lo que es adentro es afuera».

Nos ayuda a sostener las fuerzas dentro de nuestro interior, que desarrollan nuestra voluntad a partir de la calma. La mejor forma de alcanzar nuestro yo superior es hacerlo desde esa perspectiva, que potencia la iluminación interna con el conocimiento propio y el control del ego.

Ísa/Ísaz nos facilita el control de los pensamientos, las emociones y los recuerdos, así como cristalizar esas energías. Esto nos permite poder ver con claridad nuestro yo interno, encontramos con nuestro verdadero yo y tener fe en nosotros en todas las facetas de la vida.

Rune-Staða: postura corporal rúnica

Nos concentraremos relajados y nos pondremos de pie con la espalda recta y sin ninguna tensión en el cuerpo. Respiraremos por la nariz profundamente unas cuantas veces hasta sentir que estamos preparados para empezar.

Podemos hacer la postura en dos fases. Pondremos las piernas alineadas con las caderas, nos mantendremos en posición recta y con los brazos abajo, con las palmas hacia dentro y tocando los costados con sutileza.

En la segunda fase, alzamos lentamente los brazos por encima de la cabeza con las palmas unidas y los dedos tocándose.

SinnenGaldr y *Höndstaða*

Para la meditación con *Galdr*, haremos el *Höndstaða* (mudra rúnico) de la runa *Īsa/Īsaz* sentados en postura de meditación. Relajaremos el cuerpo y pondremos la espalda recta y los hombros hacia atrás; tendremos la mente en blanco y comenzaremos a respirar profundamente muy concentrados.

Levantaremos el brazo izquierdo con los dedos cerrados en un puño, a excepción del dedo índice, que señalará hacia arriba, formando con el dedo índice la runa *Īsa/Īsaz*.

Las técnicas de respiración y de meditación deben realizarse de manera correcta (*Önd Breathwork*), ya que son de vital importancia para obtener éxito en el ejercicio. Para realizar la práctica, podemos ayudarnos de cualquier técnica de respiración y meditación con la que nos sintamos cómodos, teniendo en cuenta que los cánticos *Galdr* deben estar sintonizados con la meditación.

Visualización de la runa y su color

Cuando hayamos realizado la postura rúnica con el cuerpo (*Rune-Staða*) o con las manos (*Höndstaða*), cerraremos los ojos y visualizaremos la runa concentrados en todos los aspectos de la práctica. Haremos la respiración adecuada y una correcta visualización.

Entonces visualizaremos cómo de la runa *Īsa/Īsaz* emana un resplandor de color negro azulado que nos rodea y penetra en nuestra persona. Con ello crearemos un campo del color de la visualización de la corriente y la energía rúnica, con el que sintonizaremos y nos alinearemos. El hecho de visualizar el resplandor de la runa nos permitirá alinearnos y conectar con las energías rúnicas y nos ayudará a sentirlas. Una vez conectemos y sintamos las energías rúnicas y cósmicas, podremos integrarlas y meditar el tiempo que creamos necesario.

Rune-Staða Energy Flow: Rune-Staða en movimiento

Para empezar, nos pondremos de pie relajados con las piernas a la anchura de las caderas, la espalda recta y la vista al frente. Tendremos la mente en blanco, y estaremos relajados y preparados para concentrarnos en la runa y sus energías.

Es necesario que compenetremos el movimiento, la respiración y el *Galdr* en todo momento, haciendo movimientos lentos y fluidos. Los pies deben estar alineados con la anchura de las caderas. Juntaremos las palmas de las manos con los brazos rectos mirando hacia abajo. Subiremos lentamente las palmas unidas casi tocando el cuerpo, y a la altura del corazón, iremos cambiando la posición de las palmas hacia arriba. Acompañaremos los brazos y las palmas unidas lo más alto que podamos, e iremos abriendo los brazos con las palmas hacia fuera, haciendo un movimiento circular hasta abajo con los dos brazos a la vez. Liberaremos esas energías en el proceso con sutileza.

JĒRA

ᛃ

Palabras clave

Cosecha, el año, renovación, ciclo, prosperidad, comienzo, resultados de los esfuerzos anteriores, movimiento, paz, ruptura del estancamiento, cambio y evolución natural.

Galdr de la runa *Jēra*

jērajērajēra

jjeeeeerrrrrraaaaa

jjjjjjjjjjj

ju ja ji je jo

jjeeeeerrrrrraaaa

Color de visualización: Azul claro

Potencial energético y rúnico

La runa *Jēra* nos aporta la comprensión de los ciclos y la importancia de nuestras acciones. Meditamos y atraemos energías rúnicas para obtener la materialización de la justa recompensa de lo que hemos sembrado. Nos ayuda a esperar «regando» las acciones sembradas para obtener el cumplimiento de esos proyectos y su manifestación material. Integramos las energías de la ley natural de todas las cosas, asociadas a la justicia y a la legalidad, y también atraemos plenitud y éxito en un plazo justo de gestación de acciones que se han sembrado bien.

Ésta es la runa de la cosecha y del ciclo completo del año. Nos alineamos a las leyes universales, una recompensa justa que recibimos a través del esfuerzo que hemos realizado. *Jēra* es la causa-efecto, y con ella integramos esas energías para sembrar, la paciencia para esperar que lo sembrado se plasme en forma de cosecha, y también nos alineamos con energías de creación que materializan la recompensa «justa», se recoge lo que se siembra. Asimismo nos ayuda a comprender la justicia de estos procesos y nos aporta conciencia y paciencia.

Al trabajar con esta runa a nivel energético, podemos generar las energías de movimiento que gestan los cambios y la evolución natural. Potenciamos nuestra alineación con el modelo cíclico del universo para vivir en armonía con los ciclos naturales y las estaciones. Está asociada al dios Freyr en su faceta de fertilidad, y podemos conectar con él y con sus vertientes a través de esta runa. Atraemos también energías de paz, esperanza y armonía.

Reflexión de la runa *Jēra*

Jēra representa el movimiento de nuestras acciones, que hacen posible que la rueda de nuestra vida gire como los ciclos naturales. Por ello, es la evolución natural que rompe el estancamiento y nos porta renovación y recompensa de los esfuerzos anteriores (aquellos en los que hemos sembrado).

Si antes hemos sembrado la semilla, después recibiremos los frutos en forma de abundancia, cambios positivos y paz. Cabe recordar que es la recompensa justa en ambas direcciones, ya que, si hemos sembrado poco o mal en cualquier área de la vida, ésa es la cosecha que obtendremos. Por ello, tiene una parte de lo que conocemos como *Wyrd* (destino) y *Ørlög* (ley suprema en la espiritualidad nórdica), en la que recogemos lo cosechado.

Esta runa nos hace conscientes de los ciclos en todos los aspectos de nuestra vida. Todo tiene su gestación y su proceso de materialización antes de recoger los frutos. Nos ayuda a entender el flujo y proceso de las cosas y a tener confianza si hemos sembrado correctamente nuestros propósitos. *Jēra* nos ayudará a comprender esos ciclos y a ser conscientes de poner «la semilla» en aquello que queremos que se materialice en nuestra vida. Asimismo, nos ayudará a ejercitar la paciencia en la gestación hasta que llegue la recompensa justa.

Es una runa de renovación cíclica y de nuevos comienzos, lo que nos recuerda que todo esfuerzo que hayamos hecho influye en nuestro presente y futuro. Todo es cíclico y todo cuanto hacemos tiene su repercusión e influencia en nuestra vida. En consecuencia, nos invita y ayuda a sembrar a través de nuestras acciones y a entender y respetar esos procesos, y cómo todo ello repercute en nuestro presente y futuro. Cuando se comprende este proceso, *Jēra* nos muestra que podemos focalizar, sembrar y regar nuestros deseos y renovarnos de manera cíclica para no quedarnos estancados y generar nuestro propio destino con nuestro esfuerzo y acciones.

Staða: postura corporal rúnica

Nos concentraremos relajados y nos pondremos de pie con la espalda recta y sin ninguna tensión en el cuerpo. A continuación, respiraremos por la nariz profundamente unas cuantas veces hasta sentir que estamos preparados para empezar.

Pondremos los pies a la anchura de las caderas. Levantaremos el brazo derecho y flexionaremos el codo, con la palma de la mano mirando hacia dentro. Debemos poner la mano muy cerca de la coronilla pero sin tocarla. Colocaremos hacia abajo el brazo izquierdo, doblaremos el codo con la palma hacia arriba y con las puntas de los dedos cerca de nuestras caderas sin tocarlas.

SinnenGaldr y *Höndstaða*

Para la meditación con el *Galdr*, haremos los *Höndstaða* (mudra rúnico) de la runa *Jēra*, sentados en postura de meditación. Relajaremos el cuerpo, con la espalda recta y los hombros hacia atrás. Tendremos la mente en blanco y comenzaremos a respirar profundamente muy concentrados.

Colocaremos los brazos frente al tórax y pondremos la mano derecha sobre la izquierda. El dedo pulgar de la mano derecha estará hacia arriba y los cuatro dedos juntos hacia abajo. La mano izquierda tendrá los dedos en la misma posición, con el dedo pulgar izquierdo en medio del pulgar derecho y los cuatro dedos derechos, pero sin tocarlos, haciendo la forma de la runa *Jēra*.

Las técnicas de respiración y de meditación deben realizarse correctamente (*Önd Breathwork*), ya que son de vital importancia para conseguir el éxito en el ejercicio. Para realizar la práctica, podemos ayudarnos de cualquier técnica de respiración y meditación con la que nos sintamos cómodos, teniendo en cuenta que debemos sintonizar los cánticos *Galdr* con la meditación.

Visualización de la runa y su color

Cuando hayamos hecho la postura rúnica con el cuerpo (*Rune-Staða*) o con las manos (*Höndstaða*), cerraremos los ojos y visualizaremos la runa concentrados en todos los aspectos de la práctica. Haremos la respiración adecuada y una correcta visualización.

Entonces visualizaremos cómo de la runa *Jēra* emana un resplandor de color azul claro. Visualizaremos cómo éste nos rodea y penetra en nuestra persona. Crearemos un campo del color de la visualización de la corriente y la energía rúnica, con el que sintonizaremos y nos alinearemos. El hecho de visualizar el resplandor de la runa nos permitirá alinearnos y conectar con las energías rúnicas y nos ayudará a sentirlas. Una vez conectemos y sintamos las energías rúnicas y cósmicas, podemos integrarlas y meditar el tiempo que creamos necesario.

Rune-Staða Energy Flow: Rune-Staða en movimiento

Para empezar, nos pondremos de pie relajados con las piernas a la anchura de las caderas, la espalda recta y la vista al frente. Estaremos con la mente en blanco, relajados y preparados para concentrarnos en la runa y sus energías.

Debemos compenetrar el movimiento, la respiración y el *Galdr* en todo momento, haciendo movimientos lentos y fluidos. Los pies deben estar alineados la anchura de las caderas. Relajaremos el cuerpo y pondremos la espalda recta y los hombros hacia atrás, tendremos la mente en blanco y comenzaremos a respirar profundamente muy concentrados. Haremos el *Höndstaða* (mudra rúnico) de la runa *Jēra* a un palmo de distancia del pecho. Para ello, colocaremos la mano derecha sobre la izquierda. El dedo pulgar de la mano derecha estará hacia arriba y los cuatro dedos juntos hacia abajo. La mano izquierda tendrá los dedos en la misma posición, con el dedo pulgar izquierdo en medio del pulgar derecho y con los cuatro dedos derechos sin tocarlos, haciendo la forma de la runa *Jēra*. Haremos una rotación al unísono y de forma sutil, e invertiremos la posición de las manos. Para ello, el brazo derecho se irá extendiendo haciendo la rotación hacia delante y el brazo izquierdo hacia atrás. Haremos una rueda completa, donde el brazo derecho se dirigirá hacia abajo y hacia atrás, y el izquierdo hacia atrás y hacia arriba. Al acabar la rotación, la palma de la mano derecha se igualará con la izquierda entrando por detrás y generando la posición opuesta del *Höndstaða* (mudra rúnico) de Jera. Volveremos al centro moviendo los brazos lentamente hacia nosotros. Liberaremos esas energías con sutileza.

EIHWAZ

ᛇ

Palabras clave

Tejo, resistencia, fuerza de voluntad, confianza, perseverancia, formalidad, continuidad y consecución de nuestras metas, protección de nosotros mismos. Iniciación, iluminación, viajes Seidr.

Galdr de la runa *Eihwaz*

EihwazEihwazEihwaz

e eeeeeeee

iwuiwaiwiiweiwo

iwoiweiwiiwaiwu

e eeeeeeee

EihwazEihwazEihwaz

Color de visualización: Azul oscuro

Potencial energético y rúnico

Gracias a la runa *Eihwaz*, podemos trabajar varias facetas energéticas. Es el eje vertical del árbol cósmico del mundo, Yggdrasil, y nos permite encontrar el camino de iniciación e interactuar con la energía rúnica de comunicación con los nueve mundos de Yggdrasil. Por ello, es una runa mediante la cual es posible conectar con la voluntad divina y que nos proporciona energías de visión más allá del mundo físico, así como fuerza espiritual para sostenernos.

Su energía nos conecta con la visión espiritual más allá del mundo físico, con los nueve mundos. Podemos interactuar con las energías de los tres ámbitos: el subterráneo, el terrestre y el celeste. Es una runa para abrir la percepción y potenciar la preparación de los viajes iniciáticos y chamánicos.

Con la runa *Eihwaz* podemos potenciar la fuerza de voluntad y fortalecer la protección en todas sus áreas, incluyendo la protección de nosotros mismos cuando no estamos centrados. En esos momentos, es una runa que genera energías de alivio en nuestra oscuridad y nos aporta luz y conocimiento. Asimismo, podemos aumentar la fuerza espiritual y la capacidad de resistencia que nos sostienen.

Reflexión de la runa *Eihwaz*

Eihwaz es una runa que nos hace ser conscientes de que la fuerza de voluntad es más fuerte que el destino. Nos ayuda a mantenernos fuertes como un tejo, con lo cual desarrollamos nuestra voluntad espiritual, resistencia, perseverancia y la fuerza para lograr nuestros objetivos. Nos conecta con los nueve mundos y nos mantiene protegidos gracias al eje vertical de la conciencia y desarrollo, que reside en nuestra fuerza espiritual que ilumina la parte oscura de nuestra alma. Aporta el desarrollo interno de protección energética contra cualquier ataque y nos ayuda a estabilizar nuestro rumbo.

Nos enseña a resistir y a adaptarnos a las situaciones que se nos presentan y la importancia que tiene para seguir adelante y para alcanzar nuestros objetivos. Asimismo, tiene energías de perseverancia para lograr nuestras metas, desarrollando resistencia y voluntad interna. Es entonces cuando podemos perseguir y conseguir nuestros sueños, además de forjarnos internamente. Nos invita a soltar cosas que no nos ayudan en nuestro proceso evolutivo, para que aparezcan en nuestra vida otras más evolutivas. Esto nos permite prepararnos desde nuestro interior sin dejar de tener perseverancia, que potencia la voluntad interior.

Staða: postura corporal rúnica

Nos concentraremos relajados y nos pondremos de pie con la espalda recta y sin ninguna tensión en el cuerpo. Respiraremos por la nariz profundamente unas cuantas veces hasta sentir que estamos preparados para empezar.

Pondremos los pies a la anchura de las caderas. Inclinaremos los dos brazos hacia abajo unos 50 grados. Levantaremos la pierna derecha en un ángulo parecido, haciendo la forma de la runa *Eihwaz*, e intentando mantener el equilibrio de una manera fluida.

La postura alternativa que genera energías de resistencia y fuerza de voluntad es aquella en la que se está en el suelo con las rodillas un poco separadas y los pies juntos. Inclinaremos el cuerpo hacia atrás, activando la zona pélvica como centro de equilibrio e inclinaremos los dos brazos hacia abajo unos 50 grados.

SinnenGaldr y *Höndstaða*

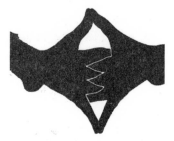

Para la meditación con el *Galdr*, haremos el *Höndstaða* (mudra rúnico) de la runa *Eihwaz*, sentados en postura de meditación. Relajaremos el cuerpo y pondremos la espalda recta y los hombros hacia atrás, tendremos la mente en blanco y comenzaremos a respirar profundamente muy concentrados.

Colocaremos los brazos frente al abdomen y entrelazaremos los dedos hacia dentro, a excepción de los pulgares, que se tocarán entre sí, mirando hacia arriba, y los meñiques, que se tocarán mirando hacia abajo.

Las técnicas de respiración y de meditación deben realizarse correctamente (*Önd Breathwork*), ya que son de vital importancia para que el ejercicio tenga éxito. Para realizar la práctica, podemos ayudarnos de cualquier técnica de respiración y meditación con la que nos sintamos cómodos, teniendo en cuenta que debemos sintonizar los cánticos *Galdr* con la meditación.

Visualización de la runa y su color

Cuando hayamos realizado la postura rúnica con el cuerpo (*Rune-Staða*) o con las manos (*Höndstaða*), cerraremos los ojos y visualizaremos la runa concentrados en todos los aspectos de la práctica. Haremos la respiración adecuada y una correcta visualización.

Entonces visualizaremos cómo de la runa *Eihwaz* emana un resplandor de color azul oscuro. Visualizaremos cómo el resplandor nos rodea y penetra en nuestro interior. Crearemos un campo del color de la visualización de la corriente y energía rúnica, con lo que sintonizaremos y nos alinearemos. El hecho de visualizar el resplandor de la runa nos permitirá alinearnos y conectar con las energías rúnicas y nos ayudará a sentirlas. Una vez conectemos y sintamos las energías rúnicas y cósmicas, podremos integrarlas y meditar el tiempo que creamos necesario.

Rune-Staða Energy Flow: Rune-Staða en movimiento

Para empezar, nos pondremos de rodillas sentados sobre nuestros pies, que tendrán el empeine hacia abajo; mantendremos la espalda recta y la vista al frente. Las rodillas estarán más viertas de la anchura de las caderas. Tendremos la mente en blanco, y estaremos relajados y preparados para concentrarnos en la runa y sus energías.

El movimiento, la respiración y el *Galdr* deben estar compenetrados en todo momento, haciendo movimientos lentos y fluidos. Elevaremos el cuerpo sutil poco a poco hasta estar de rodillas rectos, al mismo tiempo que abrimos los brazos hacia los costados de forma circular. Los iremos colocando rectos y estirados hacia delante, a la altura de los hombros, y los iremos bajando, inclinando los dos brazos hacia abajo unos 50 grados. Haremos un pequeño movimiento de bajada con las piernas, flexionando de nuevo las rodillas y recuperando la postura inicial, intentando mantener el equilibrio de forma fluida. Para ello, moveremos como una ola los brazos y las palmas de las manos mirando hacia abajo. Liberaremos esas energías con sutileza.

PERÞRŌ

ᛈ

- - - - - - - - - - - - - -

Palabras clave

Misterio, buena suerte, azar, destino. Algo oculto o secreto, aumentar y tener percepción intensa de las leyes primarias: *Ørlög* (ley suprema/karma) y el destino (*Wyrd*), capacidades intuitivas. Influir en el azar y el destino.

- - - - - - - - - - - - - -

Galdr de la runa *Perþrō*

perþrōperþrōperþrō

pupa pi pe po

purthparthpirthperthporth

po pe pi pa pu

pppeeerrrttthhhrrrooo

Color de visualización: Negro

Potencial energético y rúnico

Esta runa está asociada con el tiempo y las *nornas*. En la mitología nórdica, está representada por tres mujeres que tejen e hilan el destino. Urd es la *norna* del pasado y de lo que fue, Verdandi es la *norna* del presente o de lo que esta siendo y Skuld es la *norna* del futuro o lo que podría llegar a ser. Se trata de la runa del destino o del azar, por lo que insta a trabajar en no dejar el destino totalmente en otras manos y comenzar a ser parte tejedora de éste. Podemos percibir los tejidos de las *nornas* e influir en la ley primaria que tejen: el *Ørlög*. Por ello, recibimos energías de percepción y creación, para proyectarlas y poder influir o ser partícipes de ese *Ørlög* o ley primaria. Es una runa para conectar e interactuar con las *nornas* y ser parte de su tejido a través de nuestra voluntad. Ellas transmutan y gestan las acciones hacia su proyección, y podemos influir energéticamente en las leyes de causa y efecto del multiverso gracias a nuestra chispa creadora. Por ello, al trabajar con las energías de la runa *Perþrō*, atraemos la intervención energética de los poderes sagrados y fuerzas divinas, que pueden alinearse con nosotros, a pesar de que en un principio se encuentran fuera de nuestro alcance. La meditación y trabajos con esta runa nos aportan el aumento de la percepción de los estados primarios, el *Ørlög* (ley suprema o vías estructurales supremas que genera el cosmos).

Podemos potenciar en nuestra persona la habilidad de adivinación y evolución en trabajos mágicos, así como atraer revelaciones de lo oculto y secreto. Aumentamos esa percepción en nuestro trabajo con ella, lo que potencia la habilidad de interactuar e influir en el azar, moldeando mejor el destino. En consecuencia, incrementamos la percepción más intensa de las leyes primarias y supremas del *Wyrd* (destino) y del *Ørlög*. Nos ayuda a conectar con todas esas energías de clarividencia, de misterio y de adivinación.

Reflexión de la runa *Perþrō*

Perþrō es la runa que nos hace ser conscientes de nuestro poder interno para generar nuestra propia suerte y saber aprovechar nuestra influencia en el destino. Nos pone en contacto con nuestra parte más interna para ser conscientes de que tenemos la capacidad de influir en nuestra suerte. Nos indica que hemos de confiar en nuestra suerte siempre que influyamos en ella, y no dejar todo nuestro destino al incierto azar. Leemos el tejido de nuestro futuro incierto a través de las *nornas* (tejedoras del destino) para transmutar y gestar acciones hasta su proyección en el multiverso y así influir en su causa-efecto.

El destino incierto y el azar que representa *Perþrō* nos inducen a despertar para activarnos y ser guías de nuestro destino. Por ello, nos hace conscientes de la repercusión de nuestros actos y nuestras acciones, que, si son guiados desde nuestro ser interno más profundo, se dirigen al camino correcto. Entonces actuamos fortaleciendo nuestro azar, nuestra suerte y nuestro destino como parte tejedora de los destinos inciertos. Asimismo, atraemos los poderes sagrados más desconocidos para influir en nuestro *Wyrd* (destino) y nuestro *Ørlög* (ley primaria o suprema), siendo parte creadora de la realidad incierta que nos muestra esta runa. *Perþrō* es la evolución interna continua, ya que genera el movimiento hacia los misterios de la vida a través del viaje a nuestro ser interior y, al hacerlo, somos conscientes de las repercusiones de las leyes primarias que rigen el destino, en las que podemos tener influencia si guiamos nuestras acciones desde lo más profundo de nuestro ser.

Rune-Staða: postura corporal rúnica

Nos concentraremos relajados y nos sentaremos con la espalda recta y sin ninguna tensión en el cuerpo. Respiraremos por la nariz profundamente unas cuantas veces hasta sentir que estamos preparados para empezar.

Flexionaremos las rodillas hacia arriba y un poco separadas, en una posición cómoda y manteniendo la espalda recta, con las plantas de los pies pegadas al suelo. Doblaremos los codos y los colocaremos sobre las rodillas pero sin tocarlas. Inclinaremos los brazos hacia arriba haciendo un poco de ángulo hacia delante y con las palmas de las manos hacia arriba.

SinnenGaldr y *Höndstaða*

Para la meditación con *Galdr*, haremos el *Höndstaða* (mudra rúnico) de la runa *Perþrō* sentados en postura de meditación. Relajaremos el cuerpo y tendremos la espalda recta y los hombros hacia atrás. La mente debe estar en blanco. Comenzaremos a respirar profundamente muy concentrados.

Colocaremos los brazos frente a nuestro abdomen y entrelazaremos los dedos hacia dentro, a excepción de los pulgares, que se tocarán mirando hacia arriba, y los índices y los meñiques, que se tocarán mirando también hacia delante con las puntas juntas.

Las técnicas de respiración y de meditación deben realizarse correctamente (*Önd Breathwork*), ya que son de vital importancia para el éxito del ejercicio. Para realizar la práctica, podemos ayudarnos de cualquier técnica de respiración y meditación con la que nos sintamos cómodos, teniendo en cuenta que los cánticos *Galdr* deben estar sintonizados con la meditación.

Visualización de la runa y su color

Cuando hayamos hecho la postura rúnica con el cuerpo (*Rune-Staða*) o con las manos (*Höndstaða*), cerraremos los ojos y visualizaremos la runa concentrados en todos los aspectos de la práctica. Haremos la respiración adecuada y una correcta visualización.

Entonces visualizaremos cómo de la runa *Perþrō* emana un resplandor de color negro. Visualizaremos cómo el resplandor nos rodea y penetra en nuestra persona. Crearemos un campo del color de la visualización de la corriente y la energía rúnica, con el que sintonizaremos y nos alinearemos. El hecho de visualizar el resplandor de la runa nos permitirá alinearnos y conectar con las energías rúnicas y nos ayudará a sentirlas. Una vez conectemos y sintamos las energías rúnicas y cósmicas, podremos integrarlas y meditar el tiempo que creamos necesario.

Rune-Staða Energy Flow: Rune-Staða en movimiento

Para empezar, nos sentaremos con la espalda recta y sin ninguna tensión en el cuerpo, flexionaremos las rodillas hacia arriba y un poco separadas, en una posición cómoda y manteniendo la espalda recta, con las plantas de los pies pegadas al suelo. Tendremos la mente en blanco y estaremos relajados y preparados para concentrarnos en la runa y sus energías.

Doblaremos los codos y colocaremos los brazos a los costados, con las manos al lado de las rodillas pero sin tocarlas. Los brazos estarán hacia delante, sin estar estirados del todo y con las palmas de las manos mirando hacia abajo. El movimiento, la respiración y el *Galdr* deben estar compenetrados en todo momento, haciendo movimientos lentos y fluidos. Moveremos la espalda hacia atrás de una manera muy sutil y poco a poco, mientras, al unísono, levantaremos los brazos doblando los codos y los bajaremos lentamente con las palmas hacia adelante, volviendo a incorporar la espalda hasta tenerla recta de nuevo. Al hacer todo en conjunto, moveremos las palmas de las manos a modo de ondas dirigiendo la energía hacia afuera. Liberaremos esas energías con sutileza.

EHLAZ/ALGIZ

ᛉ

Palabras clave

Las astas, protección, escudo y defensa. Contacto con lo divino y canalización correcta de las energías. Atraer energías, despertar, vida superior, fortalecer el aura.

Galdr de la runa *Ehlaz/Algiz*

elhazelhazelhaz

z zzzzzzzz (sonido zumbante)

uzazizez oz

oz ezizazuz

z zzzzzzzz (sonido zumbante)

Color de visualización: Dorado

Potencial energético y rúnico

La runa *Elhaz* nos conecta y genera energías de protección, físicas, espirituales, emocionales y mágicas. Fortalece nuestra aura y la *Hamingja* (suerte/espíritu guardián), y está conectada con el dios Heimdallr, protector de *Asgarðr* (hogar de los dioses *Æsir*). Atraemos salud, vitalidad, armonía y más suerte. También aporta comunicación con los pozos cósmicos.

Ehlaz/Algiz es una runa que nos facilita el conocimiento interior de la vida y la conciencia que nos conecta con lo divino. Otra de sus conexiones es con el dios Heimdallr. Está representada en el puente *Bifröst*, que conocemos como el arcoíris, y que conecta *Miðgarðr* (nuestro mundo) con *Ásgarðr* (la morada de los dioses), y representa cómo la conciencia atraviesa los mundos.

Esta conexión se puede trabajar e incrementar a través de la runa *Ehlaz*, mediante visualizaciones de esta conexión y de la runa. También podemos atraer energías rúnicas de purificación y aumentar nuestro espíritu interior, lo cual hace que nos acerquemos más a los poderes sagrados de conciencia de los dioses.

Reflexión de la runa Elhaz

La runa *Ehlaz* genera protección interna, pero también podemos proyectarla en nuestro hogar o a nuestros seres queridos. Es una runa que hace crecer nuestra aura y aumentar nuestra energía, y también fortalece nuestra *Hamingja* (suerte/espíritu guardián). Integramos la capacidad de conectar con lo divino, los poderes sagrados y los dioses. A través del puente de Bifrost, podemos conectar más allá de esta Tierra, y nuestra alma se libera para viajar y conectar con la consciencia de los dioses en *Ásgarðr*.

Con la runa *Ehlaz*, nuestra conciencia atraviesa los mundos y adquiere el conocimiento de los poderes elevados, lo que aumenta nuestro «yo superior». Esta runa hace que nos encontremos con la armonía, y nos ayuda a elegir bien nuestro camino evolutivo alumbrándolo y alejando la oscuridad y los obstáculos para que podamos encontrarlo. Entonces entendemos que nuestro destino es abrirnos para alinearnos con los poderes sagrados y lo divino a través de la conexión que genera con mundos superiores. Esta conexión da lugar a armonía y amor si estamos abiertos a recibirlo por medio de las energías divinas que representa la runa *Ehlaz*.

Rune-Staða: postura corporal rúnica

Nos concentraremos relajados y nos pondremos de pie con la espalda recta y sin ninguna tensión en el cuerpo. Respiraremos por la nariz profundamente unas cuantas veces hasta sentir que estamos preparados para empezar.

Pondremos los pies a la anchura de las caderas y, poco a poco, levantaremos los brazos manteniéndolos inclinados y abiertos haciendo la forma de la runa *Ehlaz*.

SinnenGaldr y *Höndstaða*

Para la meditación con *Galdr*, haremos el *Höndstaða* (mudra rúnico) de la runa *Ehlaz/Algiz* sentados en postura de meditación. Relajaremos el cuerpo y pondremos la espalda recta y los hombros hacia atrás. La mente debe estar en blanco y comenzaremos a respirar profundamente muy concentrados.

Levantaremos el brazo derecho y cerraremos los dedos anular y meñique. Los pulgares, los índices y los corazones deben mirar hacia arriba y estar separados haciendo la forma de la runa *Ehlaz*.

Las técnicas de respiración y de meditación deben realizarse correctamente (*Önd Breathwork*), ya que son de vital importancia para el éxito del ejercicio. Para realizar la práctica, podemos ayudarnos de cualquier técnica de respiración y meditación con la que nos sintamos cómodos, teniendo en cuenta que los cánticos *Galdr* deben sintonizarse con la meditación.

Visualización de la runa y su color

Cuando hayamos hecho la postura rúnica con el cuerpo (*Rune-Staða*) o con las manos (*Höndstaða*), cerraremos los ojos y visualizaremos la runa concentrados en todos los aspectos de la práctica. Haremos la respiración adecuada y una correcta visualización.

Entonces visualizaremos cómo de la runa *Elhaz* emana un resplandor de color dorado. Visualizaremos cómo el resplandor que desprende la runa penetra en nuestro interior. Crearemos un campo del color de la visualización de la corriente y la energía rúnica, con el que sintonizaremos y nos alinearemos. El hecho de visualizar el resplandor de la runa nos permitirá alinearnos y conectar con las energías rúnicas y nos ayudará a sentirlas. Una vez conectemos y sintamos las energías rúnicas y cósmicas, podremos integrarlas y meditar el tiempo que creamos necesario.

Rune-Staða Energy Flow: Rune-Staða en movimiento

Para empezar, nos pondremos de pie relajados con las piernas a la anchura de las caderas, la espalda recta y la vista al frente. Tendremos la mente en blanco, y estaremos relajados y preparados para concentrarnos en la runa y sus energías.

El movimiento, la respiración y el *Galdr* deben estar compenetrados en todo momento, haciendo movimientos lentos y fluidos. Los pies deben estar alineados con la anchura de las caderas. Levantaremos los brazos de forma circular hasta llegar al extremo en diagonal hacia arriba, haciendo el *Staða* de la runa *Ehlaz*. Con suavidad, iremos juntando los brazos hacia el centro y sin que las palmas se toquen, y las iremos girando hacia abajo, bajando los brazos hasta nuestro aparato reproductor. Liberaremos esas energías con sutileza.

SOWILŌ

ᛋ

Palabras clave

Sol y victoria, orientación, fuerza de ataque, esperanza, éxito, triunfo de la luz contra la oscuridad, metas alcanzadas, buena fortuna, honor, fuerza de la vida y salud, luz y guía.

Galdr de la runa *Sowilō*

SowilōSowilōSowilō

sssssssss

sssoooolll

su sa si se so

us as is es os

Color de visualización: Blanco luminoso/plateado

Potencial energético y rúnico

La runa *Sowilō* conecta con la energía del sol, ya que es su arquetipo, su luz y su fuerza espiritual. Potencia nuestra voluntad espiritual, que contiene energías de éxito y victoria.

Podemos atraer luz en nuestro camino, ya que ilumina y nos guía hacia la victoria de la luz sobre la oscuridad, lo cual nos aporta una evolución espiritual luminosa importante. Integramos energías rúnicas que hacen posible nuestra regeneración energética en todos los ámbitos. Esta renovación nos alinea con el triunfo, el éxito y la salud, y potenciamos las fuerzas de la voluntad luminosa, desde una claridad interna y espiritual total.

Reflexión de la runa *Sowilō*

La luz de la runa *Sowilō* nos orienta y hace girar nuestros mecanismos internos de fuerza espiritual, que nos guían por los distintos mundos. La luz vence a la oscuridad, motivo por el cual nos regenera energéticamente y hace crecer nuestra voluntad interna y espiritual, la buena fortuna y la victoria, manifestándolas en nuestra vida. Con las energías de luz de *Sowilō*, dirigimos nuestra alma a lo más profundo de la sabiduría, lo que la convierte en una runa evolutiva.

Sowilō es la luz del Sol que nos ilumina y proyecta luz para nosotros, tanto internamente como en nuestro camino, generando la positividad en nosotros, una cualidad que podemos transmitir. Esa luminosidad nos abre a recibir personas y vivencias agradables. Contiene las energías solares, que dan vida a aquellas cosas que queremos manifestar, y lo hacemos con éxito y victoria.

Rune-Staða: postura corporal rúnica

Nos concentraremos relajados y nos sentaremos con la espalda recta y sin ninguna tensión en el cuerpo, y respiraremos por la nariz profundamente unas cuantas veces hasta ser conscientes de que estamos preparados para empezar.

Primera opción: pondremos los pies a la anchura de las caderas y, poco a poco, nos sentaremos de modo que las piernas toquen las pantorrillas (también podemos practicar la versión activa con las piernas levantadas sin tocar las pantorrillas). Apoyaremos los brazos en los lados de las piernas y con el cuerpo erguido.

Segunda opción: pondremos los pies a la anchura de las caderas y lentamente nos iremos agachando flexionando las rodillas e inclinándonos hacia delante, pero sin que las piernas toquen las pantorrillas. Levantaremos los brazos en diagonal hacia arriba, alineados con la espalda y con la cabeza recta.

SinnenGaldr y *Höndstaða*

Para la meditación con *Galdr*, haremos el *Höndstaða* (mudra rúnico) de la runa *Sowilō* sentados en postura de meditación. Relajaremos el cuerpo y pondremos la espalda recta y los hombros hacia atrás, tendremos la mente en blanco y comenzaremos a respirar profundamente muy concentrados.

Colocaremos las manos a la altura del pecho. Levantaremos el brazo izquierdo con los dedos unidos, rectos y hacia arriba. Inclinaremos el pulgar hacia la derecha, ligeramente hacia arriba. La mano derecha estará recta con todos los dedos juntos mirando hacia arriba, con el dedo índice tocando el pulgar de la mano izquierda por debajo, haciendo la forma de la runa *Sowilō*.

Las técnicas de respiración y de meditación deben realizarse de manera correcta (*Önd Breathwork*), ya que son de vital importancia para éxito del ejercicio. Para realizar la práctica, podemos ayudarnos de cualquier técnica de respiración y meditación con la que nos sintamos cómodos, teniendo en cuenta que debemos sintonizar los cánticos *Galdr* con la meditación.

Visualización de la runa y su color

Cuando hayamos realizado la postura rúnica con el cuerpo (*Rune-Staða*) o con las manos (*Höndstaða*), cerraremos los ojos y visualizaremos la runa concentrados en todos los aspectos de la práctica. Haremos la respiración adecuada y una correcta visualización.

Entonces visualizaremos cómo de la runa *Sowilō* emana un resplandor de color blanco luminoso/plateado. Visualizaremos cómo el resplandor que desprende la runa penetra en nuestro interior. Crearemos un campo del color de la visualización de la corriente y la energía rúnica, con el que sintonizaremos y nos alinearemos. El hecho de visualizar el resplandor de la runa nos permitirá alinearnos y conectar con las energías rúnicas y nos ayudará a sentirlas. Una vez conectemos y sintamos las energías rúnicas y cósmicas, podemos integrarlas y meditar el tiempo que creamos necesario.

Rune-Staða Energy Flow: Rune-Staða en movimiento

Para empezar, nos pondremos de pie relajados con las piernas a la anchura de las caderas, con la espalda recta y la vista al frente. Tendremos la mente en blanco, y estaremos relajados y preparados para concentrarnos en la runa y sus energías.

Debemos compenetrar el movimiento, la respiración y el *Galdr* en todo momento, haciendo movimientos lentos y fluidos. Los pies deben estar alineados con la anchura de las caderas. Comenzaremos poniendo las palmas de las manos mirando hacia dentro, en el exterior de las piernas, pero sin tocarlas. Nos ayudarán a ir bajando flexionando las rodillas, inclinándonos hacia delante y agachándonos sin perder el equilibrio. Antes de llegar a la posición de apoyar las piernas con las pantorrillas como si estuviéramos sentados, alzaremos sutilmente nuestro cuerpo. Las manos estarán en la misma posición de inicio, cerca de las piernas, aportando equilibro. Liberaremos esas energías con sutileza.

TĪWAZ

↑

Palabras clave

Tyr, justicia, ley, orden, honor, autosacrificio, transformación interna, ley, equilibrio y autoridad. Representa el triunfo ante el sacrificio y también la victoria y el éxito en cualquier faceta. Verdad, altruismo y racionalidad.

Galdr de la runa *Tīwaz*

TīwazTīwazTīwaz

Tiiiiiiirrrrr

tu ta tite to

ot et it at ut

tiiiiiirrrrr

TīwazTīwazTīwaz

Color de visualización: Rojo brillante

Potencial energético y rúnico

La runa *Tīwaz* nos conecta con las energías de la voluntad espiritual y con el espíritu de autosacrificio. Nos aporta la energía de disciplina espiritual con la ley divina, ya que está relacionada con Tyr, el dios de la justicia y la ley. Por ello, nos ayuda a conseguir el equilibrio interno. Al tratarse del dios del orden divino en el multiverso y trabajar con esta runa, potenciará el equilibrio energético, mental y espiritual en nuestra persona. Asimismo, atraemos la fuerza del guerrero y las energías de la justicia, la ley y la equidad que rige este dios.

Podemos potenciar en nosotros las energías de sacrificio que nos llevan al triunfo y alinearlas en el multiverso al ser la fuerza del orden divino. Integramos el aumento de poder, la destreza en la lucha y generamos en nosotros la fuerza de la ley natural, que combate las fuerzas disgregadoras, tanto del mundo físico como del divino. También atraemos fuerzas en caso de debilidad y aumentamos la tenacidad, la rectitud, el valor, el razonamiento o la determinación.

Reflexión de la runa *Tīwaz*

Tīwaz es una gran runa, ya que nos conecta con el valor y la voluntad espiritual que nos mantienen firmes, y nos insta a tener el sacrificio que se transforma en un poder espiritual positivo, que nos aporta triunfo y equilibrio. La justicia, la victoria y el éxito nos acompañan con *Tīwaz*, que nos ayuda a expandir la voluntad y la fuerza, al hacernos luchar por nuestras metas con valentía y determinación, no exentos de honor. Nos conecta con el espíritu guerrero en todas sus facetas, mental, física y espiritual, y lo hace de un modo equilibrado y con sacrificio. Por ello, nos hace sacar hacia fuera la fuerza interior y los recursos espirituales mediante la acción de luchar por aquello que deseamos y así potenciar nuestra transformación interna.

Tīwaz es una runa para conectar con las energías que proporcionan equilibrio a todo a través del sacrificio y la voluntad mediante la acción. Potencia el coraje y la fuerza interior, que aportan disciplina a través del esfuerzo y la paciencia. Nos ayuda a alejar el miedo interno, que intenta apoderarse de nosotros y que nos bloquea el camino espiritual. Nos hace transitarlo con valentía, esfuerzo y sacrificio transformador. Lo hacemos de manera consciente, alejando de nuestra vida los sentimientos negativos o de odio, transformándolos a voluntad y según evolución interna.

Rune-Staða: postura corporal rúnica

Nos concentraremos relajados y nos pondremos de pie, con la espalda recta y sin ninguna tensión en el cuerpo. Respiraremos por la nariz profundamente unas cuantas veces hasta sentir que estamos preparados para empezar.

Pondremos los pies a la anchura de las caderas y abriremos e inclinaremos los brazos hacia abajo en diagonal haciendo la forma de la runa *Tiwaz*. Las palmas de las manos deben estar hacia abajo para recibir mejor las energías rúnicas.

SinnenGaldr y *Höndstaða*

Para la meditación con *Galdr*, haremos el *Höndstaða* (mudra rúnico) de la runa *Tiwaz*, sentados en postura de meditación. Relajaremos el cuerpo y pondremos la espalda recta y los hombros hacia atrás. Tendremos la mente en blanco y comenzaremos a respirar profundamente muy concentrados.

Pondremos las manos a la altura del pecho. Levantaremos las dos manos y separaremos los dedos de las manos y los pondremos mirando hacia arriba. Tocaremos la punta de los dedos de una mano y la otra, haciendo la forma de flecha hacia arriba.

Las técnicas de respiración y de meditación deben realizarse correctamente (*Önd Breathwork*), ya que son de vital importancia para que conseguir el éxito en el ejercicio. Para realizar la práctica, podemos ayudarnos de cualquier técnica de respiración y meditación con la que nos sintamos cómodos, teniendo en cuenta que los cánticos *Galdr* deben sintonizarse con la meditación.

Visualización de la runa y su color

Cuando hayamos realizado la postura rúnica con el cuerpo (*Rune-Staða*) o con las manos (*Höndstaða*), cerraremos los ojos y visualizaremos la runa concentrados en todos los aspectos de la práctica. Haremos la respiración adecuada y una correcta visualización.

Entonces visualizaremos cómo de la runa *Tiwaz* emana un resplandor de color rojo brillante. Visualizaremos cómo el resplandor nos rodea y penetra en nuestra persona. Crearemos un campo del color de la visualización de la corriente y la energía rúnica, con el que sintonizaremos y nos alinearemos. El hecho de visualizar el resplandor de la runa nos permitirá alinearnos y conectar con las energías rúnicas y nos ayudará a sentirlas. Cuando estemos conectados y sintamos las energías rúnicas y cósmicas, podremos integrarlas y meditar el tiempo que creamos necesario.

Rune-Staða Energy Flow: Rune-Staða en movimiento

Para empezar, nos pondremos de pie relajados con las piernas a la anchura de las caderas, la espalda recta y la vista al frente. Tendremos la mente en blanco, y estaremos relajados y preparados para concentrarnos en la runa y sus energías.

El movimiento, la respiración y el *Galdr* deben estar compenetrados en todo momento, haciendo movimientos lentos y fluidos. Los pies tienen que estar alineados con la anchura de las caderas. Levantaremos cuidadosamente las manos a la altura del tórax, con las palmas de las manos hacia dentro pero sin tocarse. Iremos abriendo los brazos, y cuando estén del todo extendidos, los iremos inclinando hacia abajo formando la postura de runa *Tiwaz* y, sin parar, haremos ondas con los brazos y las palmas de las manos sintiendo las energías, hasta bajarlos y llevarlos al centro de nuestro cuerpo de nuevo. Liberaremos esas energías con sutileza.

BERKANŌ

ᛒ

Palabras clave

Diosa abedul, madre, nacimiento, fertilidad femenina, fecundidad, Madre Tierra. Crecimiento espiritual, personal y físico. También representa refugio, liberación, renovación, cambios de la vida o de vivienda, regeneración y purificación.

Galdr de la runa *Berkanō*

BerkanōBerkanōBerkanō

bu babi be bo

beeeeeerrrrrr

obib el ab ub

beeeeeerrrrrr

Color de visualización: Verde oscuro

Potencial energético y rúnico

Gracias a la runa *Berkanō*, podemos trabajar en muchas de las prácticas del *Rune Önd* al producir grandes beneficios en nuestra persona. Atraemos y generamos energías de renovación y de regeneración, al mismo tiempo que podemos conectarnos con los misterios del renacer humano y cósmico. Es la madre de toda manifestación, y a través del trabajo con esta runa, podemos generar energías de manifestación en cualquier ámbito.

Podemos integrar y manifestar la energía protectora conservadora en nosotros e integrar las fuerzas rúnicas de regeneración (muerte-renacimiento) en todos los ámbitos de nuestra vida, lo cual hace que resulte indispensable para renacer. Asimismo, nos ayuda a conseguir la transformación interna, en nuestra evolución personal o en nuestra recuperación tanto física como mental.

Se trata de la energía de la fertilidad femenina y la maternidad, y nos ayuda en la integración de esos procesos. También es de gran ayuda para mantener las energías unidas, y esto la convierte en una runa de unidad de la evolución. *Berkanō* simboliza y está conectada con la diosa Nerþus (la Madre Tierra), relacionada con los dioses Vanir de la fertilidad, motivo por el cual nos conecta con las energías de la Tierra a través de meditaciones o rituales.

Reflexión de la runa *Berkanō*

Berkanō contiene las energías de regeneración y purificación, y se manifiesta en nuestro interior. Los secretos humanos y cósmicos crecen en nuestra oscuridad y con la luz serán revelados y los haremos realidad. Esto genera en nosotros la convicción y el conocimiento de que cada manifestación tiene su proceso y llega en el momento preciso. Entendemos esta parte del proceso de la naturaleza, donde todo lo que se manifiesta pasa por este tránsito de maduración hasta que hace su acto de aparición, y por ello fortalecemos el proceso con enfoque, atención y cuidado.

Esta runa nos conecta con los nacimientos en todas sus facetas, con cosas nuevas que ven luz, así como con la fertilidad femenina, con la feminidad y con las energías de la madre y la Madre Tierra. Potencia las energías del poder femenino, incluyendo el amor, la profundidad, la percepción de los poderes sagrados, y también la maternidad y el parto, gracias a la belleza de los nacimientos. Uno de los potenciales de esta runa es el poder de las energías de renacimiento. Nos invita a que iniciemos los pasos para que esto suceda y nos abre al amor de la madre y la belleza que materializa.

Rune-Staða: postura corporal rúnica

Nos concentraremos relajados y nos pondremos de pie, con la espalda recta y sin ninguna tensión en el cuerpo. Respiraremos por la nariz profundamente unas cuantas veces hasta que advirtamos que estamos preparados para empezar.

La postura integradora de energías en esta runa es muy sencilla, al igual que poderosa en el flujo de las energías rúnicas. En primer lugar, flexionaremos el brazo izquierdo por la parte del codo, apoyando la palma de la mano en nuestra cadera. Doblaremos la rodilla de la pierna izquierda y la colocaremos mirando hacia afuera. Con el talón, tocaremos el tobillo de la pierna derecha, haciendo la forma de la runa *Berkanō*. Realizaremos la postura proyectora de energías de *Berkanō* de pie, levantando el brazo derecho y flexionando el izquierdo por la parte del codo, y apoyando la palma de la mano en la cadera. Doblaremos la rodilla de la pierna izquierda y la pondremos mirando hacia afuera, y tocaremos con el talón el tobillo de la pierna derecha, haciendo la forma de la runa *Berkanō*. Mantendremos el equilibrio y proyectaremos las energías de impulso.

SinnenGaldr y *Höndstaða*

Para la meditación con *Galdr*, realizaremos el *Höndstaða* (mudra rúnico) de la runa *Berkanō* sentados en postura de meditación. Relajaremos el cuerpo y pondremos la espalda recta y los hombros hacia atrás. Tendremos la mente en blanco y comenzaremos a respirar profundamente muy concentrados.

Levantaremos la mano izquierda, uniendo las puntas de los dedos pulgar e índice. Doblaremos hacia dentro los tres dedos restantes juntos, con la punta del dedo corazón tocando la parte media del dedo índice, haciendo la forma de la runa *Berkanō*.

Las técnicas de respiración y de meditación deben realizarse correctamente (*Önd Breathwork*), ya que son de vital importancia para el éxito del ejercicio. Para realizar la práctica, podemos ayudarnos de cualquier técnica de respiración y meditación con la que nos sintamos cómodos, teniendo en cuenta que los cánticos *Galdr* deben estar sintonizados con la meditación.

Visualización de la runa y su color

Cuando hayamos hecho la postura rúnica con el cuerpo (*Rune-Staða*) o con las manos (*Höndstaða*), cerraremos los ojos y visualizaremos la runa concentrados en todos los aspectos de la práctica. Haremos la respiración adecuada y una correcta visualización.

Entonces visualizaremos cómo de la runa *Berkanō* emana un resplandor de color verde oscuro. Lo visualizaremos rodeándonos y penetrando en nuestra persona. Crearemos un campo del color de la visualización de la corriente y la energía rúnica, con el que sintonizaremos y nos alinearemos. El hecho de visualizar el resplandor de la runa nos permitirá alinearnos y conectar con las energías rúnicas y nos ayudará a sentirlas. Cuando conectemos y sintamos las energías rúnicas y cósmicas, podremos integrarlas y meditar el tiempo que creamos necesario.

Rune-Staða Energy Flow: *Rune-Staða* en movimiento

El movimiento, la respiración y el *Galdr* deben estar compenetrados en todo momento, haciendo movimientos lentos y fluidos. Los pies tienen que estar alineados con la anchura de las caderas. Haremos un movimiento coordinado hacia la izquierda, donde llevaremos muy lentamente la punta de los dedos tocando la parte alta de nuestra cabeza, con el codo del brazo flexionado. Lo haremos conjuntamente, levantando y doblando a la vez la pierna derecha, dirigiéndola hacia el lado derecho al mismo tiempo, dibujando así la runa *Berkanō*.

Poco a poco iremos soltando el brazo hacia afuera como si nos quitáramos un sombrero. Lo haremos creando un círculo con el brazo, e iremos levantando el cuerpo y la pierna sutil y lentamente, volviendo a trazar el círculo con el brazo y la pierna, hasta volver a apoyar la pierna en el suelo; podemos realizar este ejercicio varias veces. Enderezaremos el cuerpo hacia el centro hasta alcanzar la posición de inicio, moviendo las energías. Liberaremos esas energías con sutileza.

EHWAZ

ᛖ

- - - - - - - - - - - - - - -

Palabras clave

Caballo, confianza, lealtad y complicidad, como el caballo/jinete, que son dos mitades de uno mismo. Belleza, transporte, movimiento y cambios para mejor. Armonía, viajes interiores, proyección astral, trabajo en equipo.

- - - - - - - - - - - - - - -

Galdr de la runa *Ehwaz*

ehwazehwazehwaz

eeeehwooooo

ehwuehwaehwiehweehwo

eeeeehwooooo

ehwazehwazehwaz

Color de visualización: Blanco luminoso

Potencial energético y rúnico

Gracias a la runa *Ehwaz,* integramos energías rúnicas de movimiento para materializar nuestros deseos o encontrar nuestro camino en la vida en todos los ámbitos, y nos conectará con las personas que se complementen perfectamente. Se encuentra simbolizado en la confianza y la lealtad del caballo/jinete en una colaboración armoniosa. Atraemos energías de confianza, armonía, lealtad y fidelidad, y es adecuada para proyectarnos en una relación ideal con la persona correcta, así como para potenciar las uniones y la armonía en el camino de dos personas juntas.

Podemos trabajarla para la proyección del poder mágico y potenciar el conocimiento a través de la meditación, en la que trabajamos con el cuerpo y la mente interrelacionados. *Ehwaz* es un gran medio para poder avanzar a nivel espiritual en los caminos físicos y espirituales.

Reflexión con la runa *Ehwaz*

Es la runa del caballo, el «vehículo» a nuestros deseos, en los que necesitamos complicidad; nos indica que «somos uno» viajando unidos por la fuerza de la lealtad, la confianza mutua, y con nuestro movimiento juntos generamos cambios positivos. Impulsa el movimiento en que nos desplazamos por los caminos de la vida, con la complicidad/dualidad adecuada y con las pausas necesarias para que cuerpo, mente y espíritu estén alineados y descansados para ese recorrido.

Nos da fuerzas para alcanzar nuestra meta y hacerlo alineados con las personas adecuadas de acuerdo con nuestra vibración espiritual, y nos impulsa para no abandonar el camino. Nos ayuda a encontrar la paciencia y alineación con la persona que camina a nuestro lado y a quien amamos, para poder seguir cabalgando juntos si no llevamos el mismo ritmo de evolución. Avanzaremos con la certeza de poder generar cambios evolutivos en constante movimiento, hacerlo desde la calma y en equilibrio, para generar movimientos correctos y sin pausa para impulsar nuevas expectativas.

Rune-Staða: postura corporal rúnica

Nos concentraremos relajados, y, de pie, con la espalda recta y sin ninguna tensión en el cuerpo, respiraremos por la nariz profundamente unas cuantas veces hasta que advirtamos que estamos preparados para empezar.

Abriremos las piernas más del ancho de las caderas y las arquearemos. Flexionaremos un poco las rodillas y nos inclinaremos con la espalda recta hacia delante, para estar bien equilibrados. Doblaremos los brazos hacia el centro y hacia abajo como una «V», tocándonos ligeramente las manos con la punta de los dedos. La postura de las piernas y la de los brazos formarán la runa *Ehwaz* para su correcta fluidez energética.

SinnenGaldr y Höndstaða

Para la meditación con *Galdr*, haremos el *Höndstaða* (mudra rúnico) de la runa *Ehwaz*, sentados en postura de meditación. Relajaremos el cuerpo y pondremos la espalda recta y los hombros hacia atrás. Tendremos la mente en blanco y comenzaremos a respirar profundamente muy concentrados.

Levantaremos los brazos frente a nosotros, con las palmas de las manos hacia arriba. Pondremos los cuatro dedos juntos de cada mano y doblaremos la parte superior hacia abajo. Juntaremos las puntas de los dedos haciendo una forma de «M» como la runa *Ehwaz*. El dedo pulgar estará unido a la mano.

Las técnicas de respiración y de meditación deben realizarse correctamente (*Önd Breathwork*), ya que son de vital importancia para que conseguir el éxito en el ejercicio. Podemos ayudarnos de cualquier técnica de respiración y meditación con la que nos sintamos cómodos para realizar la práctica, teniendo en cuenta que los cánticos *Galdr* deben estar sintonizados con la meditación.

Visualización de la runa y su color

Cuando hayamos realizado la postura rúnica con el cuerpo (*Rune-Staða*) o con las manos (*Höndstaða*), cerraremos los ojos y visualizaremos la runa concentrados en todos los aspectos de la práctica. Haremos la respiración adecuada y una correcta visualización.

Entonces visualizaremos cómo la runa *Ehwaz* emite un resplandor de color blanco luminoso. Visualizaremos cómo el resplandor nos rodea y penetra en nuestra persona. Crearemos un campo del color de la visualización de la corriente y la energía rúnica, con el que sintonizaremos y nos alinearemos. El hecho de visualizar el resplandor de la runa nos servirá para alinearnos y conectar con las energías rúnicas y nos ayudará a sentirlas. Cuando conectemos y sintamos las energías rúnicas y cósmicas, podremos integrarlas y meditar el tiempo que creamos necesario.

Rune-Staða Energy Flow: Rune-Staða en movimiento

Para empezar, nos pondremos de pie relajados con las piernas a la anchura de las caderas, la espalda recta y la vista al frente. Tendremos la mente en blanco, y estaremos relajados y preparados para concentrarnos en la runa y sus energías.

El movimiento, la respiración y el *Galdr* deben estar compenetrados en todo momento, haciendo movimientos lentos y fluidos. Abriremos las piernas más allá de la anchura de las caderas y las arquearemos. Al mismo tiempo abriremos los brazos en círculo hacia arriba con las palmas hacia delante. Flexionaremos un poco las rodillas y nos inclinaremos con la espalda recta hacia delante para estar bien equilibrados; al unísono, bajaremos y doblaremos poco a poco los brazos hacia el centro y hacia abajo como una «V», sin tocarnos las manos y con las palmas mirando hacia dentro. Los brazos irán haciendo movimientos de ondulación, al mismo tiempo que las rodillas irán subiendo y amortiguando muy sutilmente. Mientras, liberaremos esas energías.

MANNAZ

ᛗ

Palabras clave

El Yo, la propia consciencia, estructura divina, chispa divina, inteligencia, orden social, bien común ante el egoísmo, actitud con los demás, raciocinio, solidaridad, colaboración, hermandad.

Galdr de la runa *Mannaz*

mannazmannazmannaz

mmmmmaaaaannnnn

mun man min men mon

um am imem om

mon men min man

mmmmmaaaaannnnn

Color de visualización: Rojo oscuro

Potencial energético y rúnico

La runa *Mannaz* nos conecta con las energías de «lo humano» y de nuestra chispa divina. Conectamos con la esencia de la memoria y la tradición, que nos aportan sabiduría y raciocinio. *Mannaz* representa el arquetipo de nuestra esencia y estructura divina y el hombre perfeccionado; nos ayuda a conectar con todo ello y podemos trabajar y potenciar la mente racional, integrando las energías rúnicas de los poderes del intelecto.

Mannaz está asociada al dios Heimdallr, el dios guardián de *Asgarðr* y lo divino. Simboliza el lazo genético entre los dioses y los hombres, ya que *Mannaz* nos conecta con la visión espiritual ancestral de que somos descendientes de nuestros dioses y de su orden divino, y representa el alma humana y el misterio de la humanidad.

Nos ayuda a potenciar en nuestra vida la solidaridad, la colaboración y la hermandad espiritual o la buena relación social con los demás. También alejarnos del egoísmo de la vida material y generar energías que nos ayuden a gestar iniciativas por un bien común.

Reflexión de la runa *Mannaz*

La runa *Mannaz* hace sentir en nuestro interior el principio de la consciencia encarnada y la divina chispa interior que tenemos. A través de la estructura divina «proveedor-guerrero-sacerdote» unimos nuestros lazos genéticos entre dioses y hombres (descendientes de su orden divino). La sabiduría de Mimir reside en nosotros y no guían, porque los dioses «son parte de mí y de mi familia».

En nuestro interior tenemos los secretos de nuestra existencia para mirar hacia dentro y ser revelados al conocernos a nosotros mismos. El hecho de estar en armonía con uno mismo genera estar en armonía con los demás, recordándonos la conocida ley hermética de «lo que es adentro es afuera». *Mannaz* es el pilar para encontrar nuestro potencial divino y nuestro poder personal y ejercitar nuestro vínculo con los dioses y los poderes sagrados. Al recorrer el camino del yo interior siendo conscientes de nuestra consciencia y nuestra chispa divina, encontramos dentro de nosotros las respuestas y los cambios a través de la claridad espiritual que ello conlleva. En consecuencia, esto nos ayudará a deshacernos de ideas limitadoras, prejuicios y cosas que no nos sirven en nuestra vida evolutiva. Esto nos genera grandes cambios, un crecimiento interior y una gran evolución humana y espiritual desde el amor universal.

Rune-Staða: postura corporal rúnica

Nos concentraremos relajados, de pie, con la espalda recta y sin ninguna tensión en el cuerpo. Respiraremos por la nariz profundamente unas cuantas veces hasta que advirtamos que estamos preparados para empezar.

Abriremos las piernas a la anchura de las caderas. Inclinaremos un poco la cabeza hacia adelante, dejando que la energía fluya con facilidad. Levantaremos los brazos con los codos hacia arriba y cruzaremos los brazos por detrás de la cabeza haciendo una «X» con ellos y formando la *Rune-Staða* de la runa *Mannaz*. Pondremos las palmas de las manos hacia dentro y tocaremos el hombro con la punta de los dedos.

SinnenGaldr y *Höndstaða*

Para la meditación con *Galdr*, haremos el *Höndstaða* (mudra rúnico) de la runa *Mannaz*, sentados en postura de meditación. Relajaremos el cuerpo y pondremos la espalda recta y los hombros hacia atrás. Tendremos la mente en blanco y comenzaremos a respirar profundamente muy concentrados.

Levantaremos los brazos frente a nuestro corazón con las palmas de las manos hacia dentro. Cerraremos como un puño las dos manos, incluidos los dedos meñique, anular y corazón, y estirando los dedos índice y pulgar. Las manos deben mirar hacia dentro, cruzando los dedos índice formando una «X». Al hacerlo, las puntas de los dedos índice de cada mano tocarán la punta de los dedos pulgares de la otra mano, formando así la runa *Mannaz*.

Las técnicas de respiración y de meditación deben realizarse correctamente (*Önd Breathwork*), ya que son de vital importancia para que el ejercicio tenga éxito. Para realizar la práctica, podemos ayudarnos de cualquier técnica de respiración y meditación con la que nos sintamos cómodos, teniendo en cuenta que los cánticos *Galdr* deben estar sintonizados con la meditación.

Visualización de la runa y su color

Cuando hayamos hecho la postura rúnica con el cuerpo (*Rune-Staða*) o con las manos (*Höndstaða*), cerraremos los ojos y visualizaremos la runa concentrados en todos los aspectos de la práctica. Haremos la respiración adecuada y una correcta visualización.

Entonces visualizaremos cómo de la runa *Mannaz* emana un resplandor de color rojo oscuro. Visualizaremos cómo nos rodea y penetra en nuestra persona. Crearemos un campo del color de la visualización de la corriente y la energía rúnica, con el que sintonizaremos y nos alinearemos. El hecho de visualizar el resplandor de la runa nos servirá para alinearnos y conectar con las energías rúnicas y nos ayudará a sentirlas. Una vez conectemos y sintamos las energías rúnicas y cósmicas, podremos integrarlas y meditar el tiempo que creamos necesario.

Rune-Staða Energy Flow: Rune-Staða en movimiento

Para empezar, nos pondremos de pie relajados con las piernas a la anchura de las caderas, la espalda recta y la vista al frente. Tendremos la mente en blanco y estaremos relajados y preparados para concentrarnos en la runa y sus energías.

El movimiento, la respiración y el *Galdr* deben estar compenetrados, haciendo movimientos lentos y fluidos. Abriremos las piernas más allá de la anchura de las caderas. Inclinaremos ligeramente la cabeza hacia adelante, mientras hacemos un movimiento con los brazos hacia arriba desde los costados y haciendo rotación. Podremos las palmas hacia dentro y, poco a poco y con cuidado, doblaremos los dos codos dejándolos hacia arriba, y cruzaremos los brazos por detrás de la cabeza haciendo una «X» con ellos y formando la *Staða* de la runa *Mannaz* (en la parte posterior de nuestro cuerpo). Pondremos las palmas de las manos hacia dentro y casi tocaremos el hombro con la punta de los dedos. Volveremos a la postura de inicio, sin tocar el cuerpo con las palmas de las manos, abriendo los brazos hacia arriba y bajándolos de manera circular por los costados, llevándolos muy lentamente hacia abajo, con las palmas hacia abajo, hasta el aparato reproductor. Liberaremos esas energías con sutileza.

LAGUZ

ᛚ

Palabras clave

Agua, energía de la vida, fuente de fertilidad, viaje interno, mar de la vitalidad, inconsciente, crecimiento propio, sentimientos, magnetismo, intuición, clarividencia, sueño iniciático, equilibrio de emociones.

Galdr de la runa *Laguz*

laguzlaguzlaguz

lllllllllll

lu la li le lo

ul al il el ol

lo le li la lu

lllllaaaaaaguuuuulllll

laguzlaguzlaguz

Color de visualización: Verde oscuro azulado

Potencial energético y rúnico

Laguz simboliza el agua y nos conecta con energías de vida, lo que nos permite incrementar nuestro magnetismo. Asimismo, nos ayuda a atraer los elementos de fluidez y mutabilidad internos y a que se nos revele el secreto de toda vida orgánica y de las aguas profundas. También a trabajar el subconsciente del que procede la intuición. Nos ayuda a sumergirnos en el océano del inconsciente, que podemos potenciar con esta runa, y a desarrollar nuestra otra visión. A través de *Laguz*, con nuestra voluntad, podemos dar forma al poder mágico, que no tiene una forma definida.

Njörd es el dios del mar y, por ello, tiene un vínculo con esta runa, relacionada con el mar y su energía, con el crecimiento interno. Gracias a ello, podemos desarrollar y potenciar la intuición, los poderes femeninos, equilibrar las emociones profundas y aumentar la energía vital. Es también una runa ligada a los poderes lunares, que podemos integrar y potenciar siempre que la trabajemos.

En la antigüedad, para los pueblos nórdicos, el agua representaba la vida, motivo por el cual es una runa de iniciación a la vida. Podemos trabajar esas energías de vida e iniciación en nuestra persona, integrarlas y manifestarlas en rituales de nacimiento como el Ausa Vatni (ritual de rociado de agua en la religión Ásatrú). El simbolismo de esta iniciación a la vida del ritual lo podemos ver energéticamente en la runa *Laguz*. Contiene el secreto de las aguas primordiales del nacimiento en el viaje primordial de la vida, que después cruzan al reino de los muertos, por lo que se convierte en el pasaje hacia la vida y hacia la muerte.

Reflexión de la runa *Laguz*

Laguz nos conduce a las profundidades despertando nuestra intuición, la clarividencia, el poder fértil y nuestra segunda visión. Nos sumerge en los poderes iniciáticos y nos conecta con nuestra conciencia sin miedos y, en consecuencia, nos son revelados los secretos de las aguas profundas. El agua es una fuente de vida y conocimiento, que nos enriquece en todos los sentidos, dejando fluir nuestras emociones y nuestros poderes intuitivos.

Al profundizar en las aguas de la runa *Laguz*, a modo de información para integrar esa comprensión, nos muestra nuestros sentimientos, emociones y sensaciones para que ejerzan de guía en nuestro camino más profundo. Nos ayuda a potenciar el tercer ojo, la clarividencia, la percepción, la intuición y la conexión con la fuente y la cabeza de Mimir, que representan el conocimiento y la consciencia colectiva y cósmica.

Es una runa que contiene la energía pura de la intuición, lo que nos abre el camino a conectar con nuestra energía interna, que despertará emociones, intuición y respuestas desde el corazón, junto con la información que necesitamos saber, descodificando todo aquello que nos revela y que no puede contemplarse con los cinco sentidos. *Laguz* contiene los secretos de las profundidades del agua y es la clave para poder oír sus susurros. También es la runa apropiada para equilibrar sentimientos y emociones.

Rune-Staða: postura corporal rúnica

Nos concentraremos relajados y nos pondremos de pie con la espalda recta y sin ninguna tensión en el cuerpo. Respiraremos por la nariz profundamente unas cuantas veces hasta que advirtamos que estamos preparados para empezar.

Pondremos los pies a la anchura de las caderas. Extenderemos los dos brazos hacia delante, inclinándolos en diagonal hacia abajo, de manera que con nuestro cuerpo formemos la runa *Laguz*. Dependiendo del trabajo energético, podemos poner las palmas de las manos hacia abajo o hacia arriba.

SinnenGaldr y *Höndstaða*

Para la meditación con *Galdr*, haremos el *Höndstaða* (mudra rúnico) de la runa *Laguz* sentados en postura de meditación. Relajaremos el cuerpo y pondremos la espalda recta y los hombros hacia atrás. Tendremos la mente en blanco y comenzaremos a respirar profundamente muy concentrados.

Levantaremos el brazo izquierdo, extendiendo la palma recta con los dedos juntos mirando hacia arriba. Flexionaremos las partes superiores de los cuatro dedos hacia abajo, doblando también los nudillos, con el dedo pulgar tocando la mano, de manera que tracemos la runa *Laguz*.

Las técnicas de respiración y de meditación deben realizarse correctamente (*Önd Breathwork*), ya que son de vital importancia para el éxito del ejercicio. Para realizar la práctica, podemos ayudarnos de cualquier técnica de respiración y meditación con la que nos sintamos cómodos, teniendo en cuenta que los cánticos *Galdr* deben sintonizarse con la meditación.

Visualización de la runa y su color

Cuando hayamos hecho la postura rúnica con el cuerpo (*Rune-Staða*) o con las manos (*Höndstaða*), cerraremos los ojos y visualizaremos la runa concentrados en todos los aspectos de la práctica. Haremos la respiración adecuada y una correcta visualización.

Entonces visualizaremos cómo de la runa *Laguz* emana un resplandor de color verde oscuro. Visualizaremos cómo el resplandor nos rodea y penetra en nuestra persona. Crearemos un campo del color de la visualización de la corriente y la energía rúnica, con el que sintonizaremos y nos alinearemos. El hecho de visualizar el resplandor de la runa nos permitirá alinearnos y conectar con las energías rúnicas y nos ayudará a sentirlas. Cuando estemos conectados y sintamos las energías rúnicas y cósmicas, podremos integrarlas y meditar el tiempo que creamos necesario.

Rune-Staða Energy Flow: Rune-Staða en movimiento

Para empezar, nos pondremos de pie relajados con las piernas a la anchura de las caderas, la espalda recta y la vista al frente. Tendremos la mente en blanco, y estaremos relajados y preparados para concentrarnos en la runa y sus energías.

Debemos de tener compenetrados el movimiento, la respiración y el *Galdr* en todo momento, haciendo movimientos lentos y fluidos. Abriremos las piernas a la anchura de las caderas. Las manos con las palmas hacia dentro estarán situadas enfrente de nuestro aparato reproductor sin tocarlo, e iremos abriendo y subiendo los brazos a la vez, lenta y sutilmente hasta casi llegar a la altura de los hombros. Dirigiremos los brazos hacia el centro y hacia abajo, hasta que estén en diagonal hacia abajo, de manera que hagamos la postura de la runa *Laguz*. Las palmas, dirigiéndose al centro, se mirarán de frente pero no se tocarán, dejando fluir la energía y generándola. Poco a poco, iremos doblando las muñecas para poner las palmas hacia abajo, mientras, a la vez, iremos bajando los brazos lentamente, haciendo ondas con las palmas y los brazos hasta llegar al aparato reproductor. Liberaremos esas energías con sutileza.

INGWAZ

◇

Palabras clave

Freyr/dios de la tierra, fertilidad masculina, fecundidad, gestación. Etapa de descanso, crecimiento interno, conclusión, fertilidad, orgasmo, meditación, desarrollo y equilibrio interno. Almacenamiento y transformación de energía para rituales, sacerdote, energía almacenada, meditación pasiva, tiempo propio, liberación repentina de energía, agricultura, sexualidad masculina, paciencia, integrar los tiempos de proceso y gestación.

Galdr de la runa *Ingwaz*

Ingwazingwazingwaz

iiiiinnnnnggggg

ung ang ingengong

ongenging ang ung

iiiiinnnnnggggg

Ingwazingwazingwaz

Color de visualización: Amarillo

Potencial energético y rúnico

Ésta es la runa con la que trabajamos la fertilidad masculina y sus energías en todos sus ámbitos. Con ella, potenciamos nuestra salud física y equilibramos y centramos las energías de la mente, al mismo tiempo que calmamos los pensamientos y, por ello, podemos trabajarla como meditación pasiva. Hemos de entender que la energía de la fertilidad masculina que generamos con *Ingwaz* potencia en todos los ámbitos de la gestación, tanto de los nacimientos físicos como de proyectos o cualquier tipo de objetivo que deseemos que germine tras sembrar «la semilla» hasta que se materializa. Por ello, es una runa que impulsa los inicios de gestar algo desde la pasividad necesaria.

A través de la runa *Ingwaz*, integramos las energías rúnicas de gestación; en ellas podemos entender el proceso de almacenamiento de la semilla y su gestación, y así obtener la paciencia y el entendimiento para este proceso, hasta lograr la transformación tras el período necesario de gestación. Nos ayuda a liberar de energía e integrar con equilibrio la fuerza masculina, aportando fuerzas positivas y atrayendo las energías poderosas del bien.

Está asociada a Freyr, un dios de la fecundidad. Es la energía potencial de raíz necesaria en cualquier gestación. Entendemos nuestro trabajo energético con ella como un principio que alcanza el multiverso en todos sus niveles. *Ingwaz* es la energía almacenada que necesitamos gestar para aumentar su fuerza. Integramos una gran energía mágica de fuerzas, que antes de gestar todo su potencial necesita un proceso.

Reflexión de la runa *Ingwaz*

Gracias a la runa *Ingwaz*, nuestro alimento cósmico libera la energía. Nuestra riqueza se esconde en la profunda oscuridad, aumentando nuestra capacidad de centrar la energía como una semilla a través de la meditación pasiva que espera al sol. Esta runa es la fertilidad masculina, y la gestación, en consecuencia, contiene las energías de ese proceso, que necesita su debido tiempo. Por ello, enseña a gestar en cualquier ámbito desde la semilla que sembramos, y también nos acompaña en ese proceso potenciando nuestra paciencia para lograr su consecución desde la calma. Es una runa para incrementar la calma interior en los procesos de gestación.

Nos aporta la paciencia y el almacenamiento interior necesarios para no apresurarnos en los períodos en los que gestamos proyectos. Asimismo, trabajamos el equilibrio de las energías desde la tranquilidad para liberar nuestra energía de forma ordenada y pausada.

Rune-Staða: postura corporal rúnica

Nos concentraremos relajados y nos pondremos de pie, con la espalda recta y sin ninguna tensión en el cuerpo. Respiraremos por la nariz profundamente unas cuantas veces hasta que advirtamos que estamos preparados para empezar.

Pondremos los pies a la anchura de las caderas. Inclinaremos los dos brazos hacia abajo, doblando los codos, y haciendo el ángulo en forma de rombo, de manera que tracemos la forma de la runa *Ingwaz*. Pondremos las palmas de las manos mirando hacia dentro, tocándonos una mano con la otra, con las puntas de los dedos pulgar e índice entre sí, creando un rombo y la forma de la runa *Ingwaz* también con las manos. Podemos hacer una postura alternativa, levantando los brazos hacia el cielo con la misma forma de la runa en las manos y los brazos.

SinnenGaldr y *Höndstaða*

Para la meditación con *Galdr*, haremos el *Höndstaða* (mudra rúnico) de la runa *Ingwaz*, sentados en postura de meditación. Relajaremos el cuerpo y pondremos la espalda recta y los hombros hacia atrás. Tendremos la mente en blanco y comenzaremos a respirar profundamente muy concentrados.

Pondremos las manos enfrente de nosotros, en la zona baja del abdomen, con las palmas de las manos mirando hacia dentro. Los cuatro dedos de las manos permanecerán juntos y abriremos los dedos pulgares hacia el lado. Entonces juntaremos los pulgares, que estarán mirando hacia arriba, y haremos lo mismo con los dedos índice, hasta formar un rombo con nuestras manos, haciendo el *Höndstaða* de la runa *Ingwaz*.

Las técnicas de respiración y de meditación deben realizarse correctamente (*Önd Breathwork*), ya que son de vital importancia para el éxito del ejercicio. Para realizar la práctica, podemos ayudarnos de cualquier técnica de respiración y meditación con la que nos sintamos cómodos. Los cánticos *Galdr* deben sintonizarse con la meditación.

Visualización de la runa y su color

Cuando hayamos hecho la postura rúnica con el cuerpo (*Rune-Staða*) o con las manos (*Höndstaða*), cerraremos los ojos y visualizaremos la runa concentrados en todos los aspectos de la práctica. Haremos la respiración adecuada y una correcta visualización.

Entonces visualizaremos cómo de la runa *Ingwaz* emana un resplandor de color amarillo. Visualizaremos cómo nos rodea y penetra en nuestra persona. Crearemos un campo del color de la visualización de la corriente y la energía rúnica en su color, con el que sintonizaremos y nos alinearemos. El hecho de visualizar el resplandor de la runa nos permitirá alinearnos y conectar con las energías rúnicas y nos ayudará a sentirlas. Cuando conectemos y sintamos las energías rúnicas y cósmicas, podremos integrarlas y meditar el tiempo que creamos necesario.

Rune-Staða Energy Flow: Rune-Staða en movimiento

Para empezar, nos pondremos de pie relajados con las piernas a la anchura de las caderas, la espalda recta y la vista al frente. Tendremos la mente en blanco, y estaremos relajados y preparados para concentrarnos en la runa y sus energías.

El movimiento, la respiración y el *Galdr* deben estar compenetrados en todo momento, haciendo movimientos lentos y fluidos. Colocaremos las palmas de las manos mirando hacia arriba enfrente de nuestro aparato reproductor sin tocarlo, para hacer la *Rune-Staða* de la runa *Ingwaz*. Levantaremos los brazos, tocándonos la punta de los dedos muy sutilmente, haciendo la forma de rombo de la runa *Ingwaz* con los brazos y las manos encima de la cabeza. Lentamente, abriremos los brazos con las palmas hacia fuera y los bajaremos también poco a poco y de forma circular hasta recuperar la postura inicial. Con ello generaremos energía haciendo movimientos de ondas con los brazos y las palmas de las manos al final del proceso. Liberaremos esas energías con sutileza.

DAGAZ

ᛞ

Palabras clave

El día, la luz y la vida, transformación. Nuevo amanecer/ciclo espiritualmente, luz divina. Despertar, renacimiento, conciencia, esperanza/felicidad, crecimiento, conciencia iluminada, el despertar, el poder, cambios necesarios, seguridad.

Galdr de la runa *Dagaz*

DagazDagazdagaz

dhdhdhdhdhdhdhdhdhdh

ldaaaaagaaaaazzzz

du da di de do

od de id ad ud

daaaaagaaaaazzzz

Color de visualización: Azul claro

Potencial energético y rúnico

Ésta es una runa que irradia energías solares para trabajar las disciplinas de *Rune Önd*, ya que trabajamos con energía para el despertar de la conciencia trascendente y potenciamos la sincronización y la polaridad. Nos ayuda a encontrar el misterio interior de nuestro ser que a veces no percibimos y a reconocer en nosotros el destello de inspiración que nos une con el universo. Con *Dagaz*, integramos las energías rúnicas que unen conceptos comunes y nos ayudan a equilibrar y unir extremos como la materia y la energía. Atraemos la luz divina, que nos aporta incremento del desarrollo espiritual y prosperidad. Es la runa del nuevo amanecer (nuevo ciclo/etapa), del día, y representa la luz y la vida.

Interactuamos con la fuente de la luz y la esperanza, que nos aportan claridad y la seguridad del día, esa luz que aleja las incertidumbres que tiene la oscuridad. Nos ayuda a integrar los ciclos naturales en todos los ámbitos, cuando la luz y la oscuridad se alternan y podemos equilibrarlas con el trabajo meditativo con la runa *Dagaz*.

Reflexión de la runa *Dagaz*

En la noche oscura, gracias a la runa *Dagaz*, vemos un nuevo comienzo/amanecer, la luz al final del túnel que trae un nuevo día donde se acaba la oscuridad y comienza una nueva etapa resplandeciente. Nuestro camino por fin se ilumina como la estrella de la mañana y nuestra conciencia surge y se transforma de forma evolucionada Recibimos el regalo de Odín a través de su inspiración mística. Las leyes universales nos llevan al nuevo día, al nuevo amanecer que nos trae la transformación.

Dagaz nos muestra que, a pesar de tener dificultades o de los tiempos adversos, siempre hay una luz al final del túnel. Esto nos lleva a comprender que nada es eterno y todo llega en su momento. En la oscuridad encontramos la luz que nos impulsa a la transformación y nos porta un nuevo y radiante amanecer al que llegamos desde una posición más alta, generando una visión positiva de nuestra vida. Somos conscientes de la luz divina que reside en nuestra persona y de nuestra energía divina, en la que su fortaleza es el amor. La luz de *Dagaz* nos aporta comprensión de por qué transitamos los caminos de transformación, despertando nuestra consciencia y potenciando nuestra evolución espiritual, y nos ayuda a no dudar en ser una luz que guíe a los que nos rodean. Nos proporciona la ayuda de equilibrarnos en un nuevo ciclo y sincronizar con las energías opuestas.

Rune-Staða: postura corporal rúnica

Nos concentraremos relajados y nos pondremos de pie con la espalda recta y sin ninguna tensión en el cuerpo. Respiraremos por la nariz profundamente unas cuantas veces hasta sentir que estamos preparados para empezar.

Pondremos los pies a la anchura de las caderas. Cruzaremos los brazos por delante del pecho con los codos flexionados. Las palmas de las manos estarán hacia dentro y tocaremos los hombros con la punta de los dedos.

SinnenGaldr y Höndstaða

Para la meditación con *Galdr*, haremos el *Höndstaða* (mudra rúnico) de la runa *Dagaz*, sentados en postura de meditación. Relajaremos el cuerpo y pondremos la espalda recta y los hombros hacia atrás. Tendremos la mente en blanco y comenzaremos a respirar profundamente muy concentrados.

Colocaremos las manos enfrente de nosotros, ligeramente encima de la zona de la corona, con las palmas mirando hacia fuera. Los dedos pulgar e índice de cada mano se tocarán por la punta haciendo un círculo, y los otros tres mirarán hacia arriba abiertos. Entonces entrelazaremos los dos círculos entre sí, haciendo el *Höndstöður* de la runa *Dagaz*.

Las técnicas de respiración y de meditación deben realizarse correctamente (*Önd Breathwork*), ya que son de vital importancia para el éxito del ejercicio. Para realizar la práctica, podemos ayudarnos de cualquier técnica de respiración y meditación con la que nos sintamos cómodos, teniendo en cuenta que los cánticos *Galdr* deben sintonizarse con la meditación.

Visualización de la runa y su color

Cuando hayamos hecho la postura rúnica con el cuerpo (*Rune-Staða*) o con las manos (*Höndstaða*), cerraremos los ojos y visualizaremos la runa concentrados en todos los aspectos de la práctica. Haremos la respiración adecuada y una correcta visualización.

Entonces visualizaremos cómo de la runa *Dagaz* emana un resplandor de color azul claro. Visualizaremos cómo nos rodea y penetra en nuestra persona. Crearemos un campo de la visualización de la corriente y la energía rúnica, con el que sintonizaremos y nos alinearemos. El hecho de visualizar el resplandor de la runa nos permitirá alinearnos y conectar con las energías rúnicas y nos ayudará a sentirlas. Cuando conectemos y sintamos las energías rúnicas y cósmicas, podremos integrarlas y meditar el tiempo que creamos necesario.

Rune-Staða Energy Flow: *Rune-Staða* en movimiento

Para empezar, nos pondremos de pie relajados con las piernas a la anchura de las caderas, la espalda recta y la vista al frente. Tendremos la mente en blanco y estaremos relajados y preparados para concentrarnos en la runa y sus energías.

El movimiento, la respiración y el *Galdr* deben estar compenetrados en todo momento, haciendo movimientos lentos y fluidos. Abriremos las piernas a la anchura de las caderas. Las palmas de las manos estarán hacia dentro y tocaremos las piernas con sutileza. Abriremos los brazos de forma circular hacia arriba y lentamente, e iremos dirigiéndolos hacia el centro flexionando los codos. Al hacerlo, iremos cruzando los antebrazos con las palmas de las manos hacia dentro y los dedos tocarán muy ligeramente los hombros. Después, iremos abriendo los brazos hacia abajo, soltando y dibujando la energía. Liberaremos esas energías con sutileza.

ŌÞALA

ᛟ

─ ─ ─ ─ ─ ─ ─ ─ ─ ─ ─ ─

Palabras clave

Propiedad ancestral, herencia, tierra, hogar, herencia ancestral, cultural y espiritual. Familia, prosperidad en un grupo o comunidad, valores fundamentales, estabilidad familiar, interacción productiva, orden o normas de grupo, familia, amor y parentesco, poder heredado y conservado, ancestralidad.

─ ─ ─ ─ ─ ─ ─ ─ ─ ─ ─ ─

Galdr de la runa *Ōþala*

ŌþalaŌþalaŌþala

oooooooooo

oooooothaaaalaaaaaa

othulothalothilothelothol

oooooooooo

Color de visualización: Amarillo oscuro

Potencial energético y rúnico

Ōþala es la runa para integrar las energías rúnicas de las cualidades innatas heredadas. También nos muestra el origen espiritual de nuestros ancestros divinos. Revela el misterio de los poderes y cualidades que heredamos y nos ayuda a «recordarlos». Sus prácticas son muy recomendadas para conectar con el conocimiento transmitido por nuestros ancestros, ya que despiertan en nosotros esa memoria ancestral y potencian el amor a la ancestralidad y el respeto por la memoria ancestral.

Nos permite conectar con la herencia recibida a través de generaciones en todos los ámbitos: en el físico, en el material y en el espiritual. Conectamos con el poder heredado y conservado, con la experiencia y también con los valores ancestrales. Asimismo, potenciamos la armonía con el parentesco, la tradición y el hogar.

Con los trabajos energéticos de integración de *Rune Önd* con *Ōþala*, atraemos también prosperidad y bienestar, posesiones, y potenciamos el hogar y la familia. Asimismo, generamos energías rúnicas para tener liderazgos y sociedades justos, así como el orden entre compañeros.

Reflexión de la runa *Ōþala*

Gracias a la herencia y el poder transmitido de nuestros antepasados y dioses, aumentamos nuestra riqueza, protección, abundancia y conocimiento. Somos libres, aumenta el amor y sentimos los lazos familiares, de nuestro hogar y nuestro folclore. *Ōþala* es la herencia que recogemos de nuestros antepasados en todos los ámbitos, y nos aporta las claves del aprendizaje y el conocimiento cultural, espiritual o innato heredado.

La runa *Ōþala* es la del hogar, la familia y la herencia. Contiene la antigua sabiduría que se transmite a través de generaciones; así, es la runa de las tradiciones, del folclore y de los conocimientos culturales y espirituales, con lo que nos aporta conocimiento de todo ello, además de comprensión existencial.

Nos enseña a amar nuestra herencia en todos los sentidos, a potenciar nuestros conocimientos culturales, espirituales y creativos, y a escuchar los consejos y susurros de la sabiduría de nuestros mayores. Nos insta a generar el calor del hogar y a valorar la familia como visión, y nos ayuda a desapegarnos de todo y de todos los que ya no están en nuestro propósito existencial. Es la runa de los ancestros y de la conexión con ellos; en consecuencia, nos ayuda en distintas facetas para percibirlos.

Rune-Staða: postura corporal rúnica

Nos concentraremos relajados y nos pondremos de pie con la espalda recta y sin ninguna tensión en el cuerpo. Respiraremos por la nariz profundamente unas cuantas veces hasta advertir que estamos preparados para empezar.

Pondremos los pies más allá de la anchura de las caderas. Levantaremos los dos brazos y flexionaremos los codos haciendo el rombo de la forma de la runa *Ōþala*. Las palmas de las manos mirarán hacia dentro y, con la punta de los dedos, tocaremos una mano con la otra.

SinnenGaldr y *Höndstaða*

Para la meditación con *Galdr*, haremos el *Höndstaða* (mudra rúnico) de la runa *Ōþala* sentados en postura de meditación. Relajaremos el cuerpo y pondremos la espalda recta y los hombros hacia atrás. Tendremos la mente en blanco y comenzaremos a respirar profundamente muy concentrados.

Colocaremos los brazos enfrente de nosotros mirando hacia arriba y acercaremos las manos al plexo solar. Los dedos índice se tocarán por la punta, los dedos tocarán a los índices en su zona media, mientras los otros dedos abiertos mirarán hacia arriba, haciendo el *Höndstöður* de la runa *Ōþala*.

Las técnicas de respiración y de meditación deben realizarse correctamente (*Önd Breathwork*), ya que son de vital importancia para el éxito del ejercicio. Para realizar esta práctica, podemos ayudarnos de cualquier técnica de respiración y meditación con la que nos sintamos cómodos, teniendo en cuenta que los cánticos *Galdr* deben sintonizarse con la meditación.

Visualización de la runa y su color

Cuando hayamos realizado la postura rúnica con el cuerpo (*Rune-Staða*) o con las manos (*Höndstaða*), cerraremos los ojos y visualizaremos la runa concentrados en todos los aspectos de la práctica. Haremos la respiración adecuada y una correcta visualización.

Entonces visualizaremos cómo de la runa *Ōþala* emana un resplandor de color amarillo oscuro. Visualizaremos cómo nos rodea y penetra en nuestra persona. Crearemos un campo del color de la visualización de la corriente y la energía rúnica, con el que sintonizaremos y nos alinearemos. El hecho de visualizar el resplandor de la runa nos permitirá alinearnos y conectar con las energías rúnicas y nos ayudará a sentirlas. Cuando conectemos y sintamos las energías rúnicas y cósmicas, podremos integrarlas y meditar el tiempo que creamos necesario.

Rune-Staða Energy Flow: Rune-Staða en movimiento

Para empezar, nos pondremos de pie relajados con las piernas a la anchura de las caderas, la espalda recta y la vista al frente. Tendremos la mente en blanco, y estaremos relajados y preparados para concentrarnos en la runa y sus energías.

El movimiento, la respiración y el *Galdr* deben estar compenetrados en todo momento, haciendo movimientos lentos y fluidos. Abriremos las piernas más allá de la anchura de las caderas. Pondremos las palmas de las manos mirando hacia dentro, enfrente de nuestro aparato reproductor sin tocarlo. Abriremos los brazos en círculo hacia arriba, hasta tocarse con la punta de los dedos muy sutilmente, haciendo la forma de rombo de la runa *Ōþala* con los brazos. Poco a poco, bajaremos los brazos hasta recuperar la postura inicial, generando energía al hacer unas ondas con los brazos y las palmas de las manos en el último instante del proceso. Liberaremos esas energías con sutileza.

RUNA AÑADIDA O COMPLEMENTARIA A LAS VEINTICUATRO DEL *FUÞARK*

Antes de comenzar, cabe destacar que la *Rune-Kreuz*, o cruz rúnica, no forma parte de las veinticuatro runas del *Fuþark* antiguo. Es una runa que se utiliza como complemento para las diversas prácticas de *Rune Önd* con el alfabeto *Fuþark* y con otros sistemas rúnicos. Se empezó a utilizar a principios del siglo XX con los runólogos de la primera década, precursores del *Rune Yoga* y las primeras prácticas de runas a nivel corporal y energético.

LA *RUNE-KREUZ,* O CRUZ RÚNICA

+

Galdr de la cruz rúnica

Aepandinam, Aepandinam, Aepandinam

A-e-i-o-u

Aepandinam, Aepandinam, Aepandinam

A-e-i-o-u

Aepandinam, Aepandinam, Aepandinam

Nota sobre el *Galdr*

Aepandinam es un *Galdr* poderoso que se basa en una estrofa del *Rúna-tál* (estrofa de la *Edda* poética). Nos conecta con la comprensión de la nueva voluntad en la novena noche en la que Odín adquiere la sabiduría de las runas. *Aepandi* significa «llamar», «gritar» (a las runas), y *nam*, «las tomé», «las aprendí». El *Galdr* se pronuncia *O-pan-di-man*. Emulando a Odín en la novena noche, podemos cantar el *aepandinam* (*O-pan-di-man*) en la posición *Staða* de la cruz, que representa la unificación de los principios divinos o de la naturaleza, femeninos activos y pasivos.

Color de visualización: Blanco resplandeciente

Potencial energético y rúnico

Es una postura rúnica que sirve para equilibrar nuestras energías para que tengan su correcta fluidez y puedan conectar e interactuar con las energías rúnicas. Nos sirve para concentrarnos, relajarnos y preparar nuestro cuerpo energéticamente antes de las prácticas, así como para equilibrar las fuerzas elementales.

Visualización de la runa y su color

Cuando hayamos realizado la postura rúnica con el cuerpo (*Rune-Staða*) o con las manos (*Höndstaða*), cerraremos los ojos y visualizaremos la runa concentrados en todos los aspectos de la práctica. Haremos la respiración adecuada y una correcta visualización.

Entonces visualizaremos cómo de la runa cruz emana un resplandor de color blanco resplandeciente. Visualizaremos cómo nos rodea y penetra en nuestra persona. Crearemos un campo del color de la visualización de la corriente y la energía rúnica, con el que sintonizaremos y nos alinearemos. El hecho de visualizar el resplandor de la runa nos permitirá alinearnos y conectar con las energías rúnicas y nos ayudará a sentirlas. Cuando conectemos y sintamos las energías rúnicas y cósmicas, podremos integrarlas y meditar el tiempo que creamos necesario.

Rune-Staða: postura corporal rúnica

Nos concentraremos relajados y nos pondremos de pie con la espalda recta y sin ninguna tensión en el cuerpo. Respiraremos por la nariz profundamente unas cuantas veces, hasta que advirtamos que estamos preparados para empezar.

Pondremos los pies a la anchura de las caderas. Levantaremos los dos brazos y nos pondremos en forma de cruz. Las palmas de las manos mirarán hacia abajo.

BIBLIOGRAFÍA

Aswynn, F.: *Leaves of Yggdrasil: Runes, Gods, Magic.* Llewellyn Publications, Minesota, 1991.

—: *Northern Mysteries and Magick: Runes & Feminine Powers.* Llewellyn Publications, Minesota, 2002.

Avery, A.: *Armanen Runes and the Black Sun in Modern Heathenry Vol. I.* Lulu.com, Canadá, 2018.

—: *Armanen Runes and the Black Sun in Modern Heathenry Vol. II.* Lulu.com, Canadá, 2018.

—: *Armanen Runes and the Black Sun in Modern Heathenry Vol. III.* Lulu.com, Canadá, 2018.

Camp. L.E.: *A Handbook of Armanen Runes.* Independently published, Estados Unidos, 2001.

Céspedes, R: *Las Runas y el sendero de la iniciación.* Lulu.com, Estados Unidos, 2016.

Dionys, J.R.: *Runo-astrologische Kabbalistik.* Bauer, Alemania, 1955.

Entidad Alfrothul: *Libro de magia rúnica.* Academia Runología, Barcelona, 2011.

FLANAGAN, l.: Runas. *El sendero nórdico hacia el conocimiento interior.* Independently published, Buenos Aires, 2021.

FLOWERS, S: *Runes and Magic: Magical Formulaic Elements in the Older Runic Tradition.* Peter Lang Inc., International Academic Publishers, Estados Unidos, 1986.

—: *Fire and Ice Magical Teachings of Germany's Greatest Secret Occult Order.* Llewellyn Publications, Estados Unidos, 1995.

FRIES, J.: *HelRunar: A Manual of Rune Magick.* Mandrake, Alemania, 2006.

GORSLEBEN, R. J.: *Hoch-Zeit der Menschheit.* Köhler & Abdul Aziz, Alemania, 1930.

GRIMAU,M: *Sabiduría nórdica femenina, Una guía mágica a través del Arte Seiðr, la danza ritual y las Diosas nórdicas.* Independently published, Barcelona, 2022.

INGSSON, F.: *Rune Yoga: Staða & Galdr.* Frodi Ingsson's Publishing, Estados Unidos, 2021.

IYENGAR, B. K. S.: *Luz sobre el Yoga: Yoga Dipika.* Editorial Kairós, Barcelona, 2015.

KARLSSON, T.: *Uthark el lado opscuro de las Runas.* Manus Sinistra, Bogotá, 2020.

KING, B.: *Las Runas.* Temas de Hoy, Madrid, 1994.

KLEIDT-AZIZI, H.: *Das verborgene Wissen der indogermanischen Priester: Weltenbaum und Runen - Edda und Veda.* Asfahani, Alemania, 1996.

KRASSKOVA, G.: *Runes: Theory and Practice.* Weiser Books, Estados Unidos, 2009.

Kummer, S.A.: *Heilige Runenmacht.* Uranus Verlag, Alemania, 1932.

Kummer, S.A.: *Runen-Magie.* (Trad. Eng.: *Rune Magic,* Lodestar Books, Estados Unidos, 2017.

List, G.V.: *El secreto de las Runas.* Ediciones Ojeda, Barcelona, 2005.

MARBY, F.M.: *Der germanische Einweihungsweg in Sinnbildern und Symbo-*

len mittels der germanischen Runen-Gymnastik. Spieth-Verlag, Alemania, 2002.

—: *Der Weg zu den Müttern inmitten der Kette der Wiedergeburten, wiederentdeckt in dem Raunen der Runen und der Technik der Runen-Übungs-Anlagen.* Spieth-Verlag, Alemania, 2002.

—: *Die drei Schwäne: Das Raunen der Runen.* Spieth-Verlag, Alemania, 2002.

—: *Marby-Runen-Bücherei. Doppelbände ½, ¾, ⅚ und ⅞: Marby-Runen-Gymnastik / Rassische Gymnastik als Aufrassungsweg / Die Rosengärten und das ewige Land der Rasse.* Spieth-Verlag, Alemania, 2002.

—: *Runenschrift, Runenwort, Runengymnastik. Spieth-Verlag,* Alemania, 2002.

MERCER. A.D.: *Runa The wisdom of the runes.* Troy Books, Reino Unido, 2018.

MEYER, M.: *Runas: el oráculo de las piedras sabias.* G. Editor, Barcelona, 2014.

NORBERT, P.: *Runen Qi Gong.* Zeitenwende, Alemania, 2011.

OLSEN, K.: *Runes for Transformation: Using Ancient Symbols to Change Your Life.* Weiser Books, Estados, Unidos, 2008.

PAGE, R.I.: *Runes: Reading the Past.* University of California Press, California, 1987.

PAXSON, D. L.: *Taking Up the runes, A Complete Guide To Using Runes In Spells, Rituals, Divination, And Magic.* Weiser Books, Estados, Unidos, 2005.

PESCHEL, L.: *Guía práctica de las Runas.* Edaf, Madrid, 2000.

POLLINGTON, S.: *Rudiments of Runelore.* Anglo-Saxon Books, Reino Unido, 2022.

RAUDVERE, C.: *Trolldómr in Early Medieval Scandinavia.* Athlone, Londres, 2002.

RHYS MOUNTFORT, P.: *Nordic Runes: Understangding, casting, and Interpreting the Ancient viking oracle.* Destiny Books, Estados Unidos, 2003.

SHAROMON, S.: *El Gran Libro de los Chakras.* Edaf, Madrid, 2007.

SHOU, P.: *The Edda as Key to the Coming Age.* Lodestar Books, Estados Unidos, 2017.

Simpson, L.: *El libro completo de los Chakras: Armonía y salud a través de los centros de energía.* Gaia Ediciones, Barcelona, 2016.

Spiesberger, K.: *Runenmagie: Handbuch der Runenkunde.* Schikowski-Verlag, Alemania, 1968.

Temoli, A.: *La magia de las Runas.* Luis Cárcamo, Madrid, 1996.

Thorsson, E.: *Alu, An Advanced Guide to Operative Runology.* Weiser Books, Estados Unidos, 2012.

—: *El gran libro de las Runas y su magia.* Ediciones Obelisco, Barcelona, 2019.

—: *Fuþark manual de la magia Runa.* Humanitas, Barcelona, 1992.

—: *Fuþark: la magia de las Runas.* Ediciones Obelisco, Barcelona, 2006.

—: *Rune Might: The Secret Practices of the German Rune Magicians.* Llewellyn Publications, Estados Unidos, 1989.

—: *Rune Song: A Practical Guide to Rune-Galdor.* Independently published, Estados Unidos, 2021.

—: *Runelore: The Magic, History, and Hidden Codes of the Runes.* Weiser Books, Estados Unidos, 1987.

—: *Runecaster's Handbook.* Weiser Books, Estados Unidos, 1999.

—: *The Nine Doors of Midgard: A Curriculum of Rune-work.* Arcana Europa Media, Estados Unidos, 2018.

Trujillo, J.: *Runas lenguaje de luz.* Humanitas, Barcelona, 2002.

Tyson, D.: *La magia de las Runas.* Sirio, Málaga, 2003.

Van Handel, D.: *Untimely Meditations: A New Look at the Runes of the Armanen.* Independently published, Estados Unidos, 2023.

Welz K.H.: *El libro de las Runas.* Autoedición, Woodstock, 1984.

—: *Rune Yoga Course.* Autoedición, Woodstock, 1985.

Wolfheart, D.: *El libro de las runas sabiduría ancestral.* Luis Cárcamo, Madrid, 2019.

—: *Las Runas-Oráculo ancestral: Manual de adivinación rúnica.* Independently published, Estados Unidos, 2022.

—: *Las Runas Armanen: misterio y sabiduría gnóstica.* Luis Cárcamo, Madrid, 2018.

—: *Las Runas del Wyrd.* Academia Runología, Barcelona, 2017.

—: *Stadhagaldr, meditación postural rúnica.* Luis Cárcamo, Madrid, 2016.

Web del autor: www.davidwolfheart.com

Colaboración en las fotos: Marta Grimau www.templodefreyja.com

ÍNDICE